本书由江苏大学专著出版基金

中国运动员

人力资本投资
及其产权制度研究

王武年 著

STUDY ON INVESTMENT
AND
PROPERTY INSTITUTION
OF
CHINESE ATHLETES HUMAN CAPITAL

江苏大学出版社
JIANGSU UNIVERSITY PRESS

图书在版编目(CIP)数据

中国运动员人力资本投资及其产权制度研究/王武年著. —镇江：江苏大学出版社,2011.12
ISBN 978-7-81130-292-9

Ⅰ.①中… Ⅱ.①王… Ⅲ.①运动员－人力资本－人力投资－研究－中国②运动员－人力资本－产权制度－研究－中国 Ⅳ.①G808.18

中国版本图书馆 CIP 数据核字(2011)第 264492 号

中国运动员人力资本投资及其产权制度研究

著　者/王武年

责任编辑/常　钰

出版发行/江苏大学出版社

地　　址/江苏省镇江市梦溪园巷 30 号(邮编：212003)

电　　话/0511-84446464

传　　真/0511-84446464

排　　版/镇江文苑制版印刷有限责任公司

印　　刷/丹阳市兴华印刷厂

经　　销/江苏省新华书店

开　　本/890 mm×1 240 mm　1/32

印　　张/6.5

字　　数/200 千字

版　　次/2011 年 12 月第 1 版　2011 年 12 月第 1 次印刷

书　　号/ISBN 978-7-81130-292-9

定　　价/26.00 元

如有印装质量问题请与本社发行部联系(电话：0511-8444088)

序

近年来,中国运动员人力资本相关问题逐渐成为学界的研究
热点。改革开放 30 年来,中国竞技体育、体育产业、体育消费呈现
全方位发展的良好势头,特别是竞技体育所取得的成就令全球瞩
目。在市场经济下,高水平运动员日益成为稀缺的资源,体育产业
和体育市场的经济活动大都以运动员为核心来进行。而近些年围
绕中国优秀运动员的权益纠纷问题屡见报端,特别是一些明星运
动员事件更是引起了人们的极大关注,就此所引发的争论已经扩
展到中国运动员的培养体制、权益归属、利益分配、举国体制等诸
多方面。长期以来,中国专业运动员人力资本及其产权问题被理
论界所忽视,而近些年运动员人力资本及其产权问题已成为中国
体育改革过程中无法回避的话题,如果中国运动员人力资本权益
归属、产权实现以及产权制度缺失等问题不解决,围绕运动员权益
问题的冲突必将长期存在,并有激化的可能。

人力资本理论是研究社会经济运行中人的自身价值,探索人
力资本的特征、形成、投资及收益分配等问题的理论。社会主义市
场经济条件下,明晰中国各类运动员产权边界,优化配置有限的高
水平运动员资源,有效地进行资本运营,是中国由体育大国迈向体
育强国的战略需要。运动员人力资本及其产权问题直接关系到中

国竞技体育事业的健康、可持续发展,研究中国运动员人力资本及其产权制度等问题,能够开辟运动员人力资本投资分析与产权界定新的研究思路和领域,研究成果可为中国运动员人力资本各投资主体在运动员权益分享方面提供理论上的参考,有利于推动中国体育事业的社会化、市场化、职业化进程,具有十分重要的现实意义和理论价值。

本书针对现阶段中国体育界存在的关于运动员人力资本产权方面的争论焦点,结合中国运动员培养和管理体制,拓展运用人力资本理论、产权理论,对中国运动员人力资本的概念、内涵、形成、投资以及运动员人力资本产权、产权制度建设等基础理论问题进行了深入的阐述和大胆的探索。本书章节框架合理,研究全面系统,见解独到,在理论上有所创新,具有一定的针对性和时效性,研究所提出的策略和政策建议较为合理,具有一定的可行性。

原武汉体育学院院长

杨鹏飞

目 录

Study on Investment and Property Institution of Chinese Athletes Human Capital

第一章

导 论

第一节　问题的提出

当前,中国正处在由原计划经济向社会主义市场经济转变的重要时期。中国社会主义经济摆脱了过分僵化的计划经济体制,引入了市场经济的竞争机制,极大地调动了社会各方面的积极性,促进了社会生产力的发展,各行各业正呈现出蒸蒸日上、蓬勃发展的景象。改革开放30年来,随着经济体制的转轨和政治体制改革的不断深入,中国的综合国力显著增强,国际地位不断提高。进入新世纪,借助中国经济的全面腾飞,竞技体育、体育健身、体育产业、体育消费呈现全方位发展的良好势头,体育产业、体育消费有望成为中国经济发展新的增长点。

竞技体育是体育的重要组成部分,是体育中最为活跃、最具魅力、最具代表性的部分。竞技体育通过高水平的竞技、竞争,优胜劣汰,催人奋进,推动着体育事业的不断发展,作为社会发展的一项重要内容,竞技体育依托社会的发展而发展,同时又对社会的发展起促进作用。中国竞技体育在举国体制的支撑与保障下,在短短20多年的时间内迅速崛起,跻身奥运三强,取得了辉煌的成就。在2004年雅典奥运会上,中国体育健儿共获得金牌32枚、银牌17枚和铜牌14枚,金牌总数列第二位。特别是在2008年北京奥运会上,中国体育健儿更是以 51 枚金牌、100 枚奖牌的骄人战绩列金牌数第一,奖牌数第二,取得历史性突破,这些成就令全球瞩目,同时也把中国竞技体育事业推向历史的最高峰,奥林匹克体育思想和体育文化在中华民族得到空前的传播与发展。

在经济转轨、社会转型的过程中,随着中国市场经济体制的确立与不断推进,极大地推动了商品经济的发展。2000 年悉尼奥运会后,体育商业化的趋势逐渐明朗,中国竞技体育举国体制也不断受到市场经济的冲击。近几年,中国体育界出现的王治郅、田亮、彭帅、艾冬梅等事件,以及奥神俱乐部与篮球管理中心的纠纷、"丁俊晖培养模式"引起了人们的极大关注。在这些纠纷中,运动员个体与政府相关部门以及俱乐部之间权益争夺的背后是运动员人力资本产权的争夺,造成这些矛盾纠纷的深层原因是运动员人力资本产权关系的界定不清。由于中国处于经济转轨、社会转型的特殊时期,以及多年举国体制下人们形成的惯性思维,运动员人力资本及其产权的归属极其模糊,加之国家缺乏这方面的法律条文和明确的条例规定,造成了现阶段中国运动员产权难以明晰的现状。在国家政治、经济体制改革的大形式下,体育系统的改革已显得滞后,国家强有力的举国办奥运的行政手段更使得举国体制得到前所未有的强化,同时也掩盖了当前体育界存在的一些问题。党的十七大号召人们努力创建和谐社会,全中国人民也沉浸在成功举办北京奥运会的辉煌成就以及竞技体育带给我们的巨大喜悦中,但上述这些事件引发的争论使人们不能不思考今后中国体育事业的发展方向。如果在市场经济体制下中国运动员产权及其权益关系不能加以明晰,举国体制的某些观念不能打破,更多类似的事件还将陆续发生。

中国沸沸扬扬的田亮的"除名风波"尽管发生在体育界,但是其引发的震荡远远超出了体育的范畴,对其的讨论已经拓展到运动员产权、肖像权、商业开发、举国体制及市场经济等诸多方面。中国"丁俊晖模式"和清华大学跳水队的尴尬遭遇反映出在体育部门垄断体育市场的前提下,家庭和集体投资模式的"产权"仍然是不完整的。邹春兰、艾冬梅等事件的个案,反映出体育界一个不小的群落不尽如人意的生存状态。从"姚明诉可口可乐侵权"、"刘翔白沙广告案"到"彭帅与网管中心反目"等一系列事件,都凸现出中国体育明星的市场管理缺失。随着中国市场经济体制的不断完善,在体育事业产业化、市场化的进程中围绕着运动员权益问题的争论与冲突将愈加激烈,运动员人力资本及其产权问题已成为中国体育改革过程中无法回避的话题。

党的十四大确定了社会主义市场经济作为中国经济体制改革的目标模式。社会主义市场经济就是坚持以公有制为主,把市场作为资源配置的基础性手段,同时针对市场机制本身存在的弱点和消极方面,运用计划手段即政府宏观调控加以调节和弥补的经济运行方式。[①] 建国后中国体育事业是在计划经济体制下,按照福利事业的框架和模式,由国家包办体育并采用行政方式运作,即人们所说的举国体育体制模式。关于举国体制的内涵,国家体育总局局长刘鹏在《备战 2008 年奥运会暨 2005 年冬训动员大会上的讲话》中进行了较全面地阐述:"中国竞技体育举国体制是在社会主义初级阶段的历史条件下,与中国的竞技体育发展目标相适应,是我们实现奥运战略的最有力的支撑和保障。竞技体育举国体制就是集中有限的人力、物力和财力,最大限度地调动各方面的积极性,有效配置全国的竞技体育资源,上下形成合力,努力提高

---

① 杨桦:《竞技体育与奥运备战重要问题的研究》,北京体育大学出版社,2006年,第 29 页。

竞技体育水平,创造优异运动成绩,为国争光。"①中国进入社会主义市场经济以来,其举国体制在某些方面发生了质的变化,在新体制下建立良性的适应社会主义市场经济要求的中国竞技体育运行机制,是中国当前体育改革所面临的重要任务。中共中央《关于制定国民经济和社会发展第十个五年计划的纲要》和国家体育总局《关于2001—2010年体育改革与发展纲要》指明:中国体育发展的方向是走与市场经济体制相适应的可持续发展道路。随着商业经济与竞技体育结合得越来越紧密,中国竞技体育终归要面对市场的问题,既然商业行为是纯粹市场化的,那么在解决运动员产权归属问题上,就必须以市场化原则下的契约来约束与管理其商业行为,而不是将计划管理模式套用在市场行为上。

在市场经济条件下,运动员不仅是运动场上的主角,而且是整个职业体育运动的核心,体育产业和体育市场的经济活动都围绕运动员这个核心来进行。国内外的实证事实表明,运动员人力资本是一国竞技体育和体育产业发展的关键所在,一国竞技体育是否能在国际赛事夺取奖牌以及位次如何,与该国优秀运动员的群体数量和质量呈强正相关。体育经济学家认为,运动员的训练和比赛,在本质上也是一种劳动(劳务)。职业运动员的身价实际上体现了社会对运动员劳动成果与劳动能力的承认。② 因此,研究运动员人力资本的经济价值对发展中国体育经济理论和实践具有重大意义。

人力资本理论(the Theory of Human Capital)是研究社会经济运行中人的自身价值,探索人力资本的内涵、特征、形成过程、人力

---

① 刘鹏:《备战2008年奥运会暨2005年冬训动员大会上的讲话》,2005年12月。
② 李万来:《从人力资本理论看运动员的经济价值》,《体育文化导刊》,2005年第3期。

资本投资形式及投资成本与收益分配等相关问题的理论。人力资本是现代经济的第一生产要素，无论什么样的社会和经济形态，劳动能力都是决定个人、组织以至整个民族存在与发展的关键因素。所谓人力资本，是指体现于劳动者身上，通过投资形成并由劳动者的知识、技能和体力所构成的资本。① 生产人力资本的制度，是由一系列正式和非正式规则构成的系统结构，这一制度结构，置身于由国家、经济、知识和文化 4 种要素组成的制度环境之中，是一个与环境不断发生物质、能量和信息交换的开放系统。② 产权是构成社会经济制度的基础性元素，是市场交易及有序运行的基本前提，产权的界定、结构和安排不仅直接决定一个国家的社会经济制度的结构和性质，而且影响着该国资源配置及制度运行的成本和效率。③ 产权是一种排他性的权利，是规定人们相互行为关系的一种社会基础性的规则，产权表现为一组权利束，它可以分解为多种权利并统一呈现一种结构状态。④

运动员人力资本产权是由运动员人力资本的使用价值和稀缺性价值引起的一种行为权力的规范，即对人们行为边界的界定。⑤在运动员人力资本交易和使用中，产权能够界定交易各方的行为边界，即一方面规定了交易各方发生关系的方式，同时也确定和明晰了财产收益归属关系。在现实的市场经济活动中，物质资本产权和运动员人力资本产权共同规定了人们可以干什么，不能干什

① T W Schultz. Investment in Capital Human. The American Economic Review, Vol. 13（1）:65 - 76.
② 王建民:《人力资本生产制度研究》,经济科学出版社,2001 年,第48 - 50 页。
③ 马广奇:《马克思产权理论与西方现代产权理论的比较分析》,《经济学家》,1996 年第 6 期。
④ 刘伟,李风圣:《产权通论》,北京出版社,1998 年,第 15 - 16 页。
⑤ 李海,万茹:《运动员人力资本产权的本质与特征》,《北京体育大学学报》,2007 年第 7 期。

么,并界定了在既得利益下的损益得失,以及相应的赔偿方法和原则,本质上运动员人力资本产权反映了人与人之间的社会经济关系。长期以来,中国的体育产权制度是一种以国有产权为核心、以政府行政管理为主导的产权制度,这与传统的计划经济体制是相适应的。① 在传统的计划经济体制下,中国体育产权的运营具有浓厚的行政色彩,国家及地方各级体委作为政府的体育职能部门,完全以一种行政的方式办体育,传统的体育管理体制是一种典型的政府管理型体制。② 其营运特点是:全部管理职权由政府行使,国家管理体育主要采用行政手段,所有经济义务由国家承担。

第二节 研究目的与意义

理论的探索必须走在实践的前面,当前中国经济社会健康、持续、快速发展,体育事业蒸蒸日上、全面腾飞,2008 年北京奥运会的成功举办更是向世界人民展现了中国改革开放后社会主义事业所取得的辉煌成就。北京奥运会后中国社会主义市场经济体制建设必将不断深入和完善,为了使中国体育事业能够健康可持续发展,一些问题是必须要进行思考的,比如培养运动员过程中国家、企业(俱乐部)、运动员家庭和个人的投资情况如何? 责任如何划分? 运动员人力资本的产权的权能和权益如何界定和分配? 政府部门或运动员单方面宣称其拥有产权的说法是否有理论上或法律上的依据? 如何突破我们培养运动员的体制瓶颈? 什么才是与中

---

① 唐俊,姜君利:《体育市场改革中的产权问题分析》,《体育成人教育学刊》,2003 年第 12 期。

② 徐金华:《关于中国体育体制特点及其发展的研究》,《南京体育学院学报(社科版)》,2003 年第 6 期。

国特色社会主义市场经济相符合的运动员产权制度模式？由于运动员人力资本及其产权问题直接关系到中国体育事业的顺利改革与健康发展。基于对上述问题的思考，本研究结合中国社会转型的时代背景，以运动员人力资本为切入点，运用马克思政治经济学、人力资本理论、产权理论、新制度经济学的相关原理，全面、深入地分析研究运动员人力资本性质、特征、价值、形成和投资以及运动员人力资本产权内涵、权益分享、产权制度建设等一系列问题。在理论分析的基础上尝试构建中国运动员人力资本及其产权制度的理论体系，并最终提出中国运动员人力资本产权保护的策略及政策建议，从而促进中国竞技体育事业的健康可持续发展。

实践以理论为指导，理论的研究与探索必须走在实践的前面，成熟的理论模型有助于解决现实社会生活中的经济问题。由于国内目前对运动员人力资本及产权方面处于零散、边缘化的研究状态，本研究结合中国现阶段经济转轨、社会转型、政府职能转换的时代背景，针对现阶段中国体育界存在的关于运动员人力资本产权方面的争论焦点，研究运动员人力资本形成、投资及其产权制度等相关问题，具有一定的针对性和时效性。通过对中国运动员人力资本及其产权制度理论体系的研究与构建，能够开辟运动员人力资本投资分析与产权界定新的研究思路和领域，研究成果可为中国运动员人力资本各投资主体在运动员权益分享方面提供理论上的参考，有利于推动中国体育事业的社会化、市场化、职业化进程。因此，研究中国经济体制转轨时期的运动员人力资本投资及其产权制度相关理论问题，符合市场经济条件下中国体育事业发展的内在要求，具有十分重要的现实意义和理论价值。

第三节　研究文献综述

一、人力资本理论国内外研究综述

（一）国外人力资本理论的研究

20 世纪 60、70 年代，传统的资本理论有了新的重大发展，兴起于西方的人力资本理论突破了资本只是物质资本的束缚，认为资本包括人力资本和物质资本，这一理论上的重要创新增强了经济学对社会经济现象的解释力，有力地推动了经济学的发展。人力资本理论认为，人的经济价值由两部分构成：一是人的成本价值（Cost Value），二是人的投资价值（Investment Value）。人之所以具有经济价值，一是因为人的成长和劳动能力的形成与维持需要花费成本，二是因为凝聚在人体之中的知识、技能等因素具有创造经济价值的能力。[①]　人力资本理论的思想渊源，最早可追溯到古典经济学家亚当·斯密，他认识到了人在社会生产中的举足轻重的经济价值，并对人力资本以及教育的经济意义作了较深刻的理论阐述。马歇尔通过对人力资本相关问题进行分析研究后明确指出，所有资本中最有价值的是对人本身的投资。1906 年，费雪发表了《资本的性质与收入》一文，首次明确提出了人力资本的概念，并将其纳入经济分析的理论框架中。虽然人力资本很早就引起了经济学家的注意，但在长达近 50 年的时间里，正统经济学并没有真正把人力资本理论纳入经济学的核心内容中，直到 1960 年，美国著名经济学家西奥多·W·舒尔茨（T. W. Schultz）在经济学年会上发表《人力资本投资》的主题演说，第一次系统、深刻地

———————

① 李万来：《从人力资本理论看运动员的经济价值》，《体育文化导刊》，2005 年第 3 期。

论述了人力资本理论,在学术界引起了轰动,从此开辟了经济学研究的新领域。此次演说标志着人力资本理论的正式创立,舒尔茨也因此在1979年荣获了诺贝尔经济学奖。与舒尔茨同时代及以后对人力资本理论作出突出贡献的主要有加里·S·贝克尔(Gary.S.Becker)、爱德华·丹尼森、雅各布·明塞尔等,他们从不同的角度对人力资本进行了论述。

舒尔茨的最大贡献在于他冲破重重阻力,第一次系统地提出了人力资本理论,使其成为经济学一门新的分支,而且还进一步研究了人力资本形成的方式与途径,对教育投资的收益率以及教育对经济增长的贡献做了定量研究。舒尔茨对人力资本理论贡献重大,被人们称为"人力资本之父"。与舒尔茨同时代的加里·S·贝克尔(Gary.S.Becker)弥补了舒尔茨只分析教育对经济增长的宏观作用的缺陷,把表面上与经济学无关的现象与经济学联系起来,运用经济数学方法,从微观角度系统分析研究了人力资本与个人收入分配的关系,进一步完善了人力资本理论。爱德华·丹尼森对舒尔茨论证的教育对美国经济增长的贡献率做了修正,他将经济增长的余数分解为规模经济效应、资源配置和组织管理改善、知识应用上的延时效应以及资本和劳动力质量本身的提高等等,从而论证了1929年至1957年间美国的经济增长中教育的贡献率应是23%,而不是舒尔茨所讲的33%。① 雅各布·明赛尔将人力资本投资与收入分配联系起来进行研究,建立了较为完整的人力资本收益分配模型,进而开创了人力资本研究的另一个分支,同时他还研究了人员的在职培训对其人力资本形成的贡献等问题。

20世纪70年代后,更多的学者对人力资本进行了研究,特别

---

① Becker, Gary. Investment in Human Capital: A Theoretical Analysis. The Journal of Political Economy, 1962.

是 80 年代以知识经济为背景的"新经济增长理论"的代表人物罗伯特·E·卢卡斯（Robert. E. Lucas）和保罗·M·罗默（Paul. M. Romer），在古典的生产函数模型中加入了人力资本，从而确立了人力资本在经济增长中的重要地位。卢卡斯和罗默把人力资本视为最重要的内生变量，特别强调人力资本存量和人力资本投资在内生性经济增长和从不发达经济向发达经济转变过程中的首要作用，试图通过这些研究揭示人力资本投资水平及其变化对各国经济增长率和人均收入水平发展趋势的影响，进而确定人力资本和人力资本投资在经济增长和经济发展中的关键作用。①②

20 世纪 90 年代以来，人力资本的研究思路伴随着知识资本理论的兴起发生了悄然变化。以加尔布雷恩、埃得文森、沙利文、斯图尔特等人为代表的知识资本理论，侧重于从分析知识资本的结构角度来阐释人力资本，其目的在于揭示人力资本与结构性资本之间的相互关系。知识资本理论借助新制度经济学相关原理对人力资本特征和产权制度安排原因及其意义进行了深入研究，认为人力资本价值的实现必须有相对应的结构性资本的支持，即可以通过制度和组织的安排来促进人力资本价值的积累、提升和实现。

（二）中国人力资本理论的研究

改革开放后上世纪 80 年代后期，人力资本理论被介绍到中国并渐渐被接受，学者们也广泛开展研究，其运用范围也不断得以拓宽。中国专家学者对人力资本的研究主要集中在以下几方面：

---

① R. Lucas. On the Mechanics of Economic Development. Journal of Monetary Economics, 1988, 22.

② P. Roomer. Increasing Returns and Long-Run Growth. Journal of Political Economy, 1986, 94(5).

1. 关于人力资本概念、内涵与特征的研究

中国的大多数专家学者接受了舒尔茨对人力资本的定义,但对其内涵有所扩展。国内学者们对人力资本概念的研究特别强调了内生与外生、个体与群体、宏观与微观、价值形态与实物形态的不同含义,同时结合人力资本所体现出的各种特点,从人力资本的内容、人力资本的形成角度、人力资本的价值属性、人力与资本相结合等角度对人力资本进行了定义,先后总共有十几种概念。丁栋虹教授认为人力资本具有不同的生产力形态,提出了异质型人力资本和同质型人力资本的概念。前者是指在特定历史阶段中具有边际报酬递增生产力形态的人力资本。后者是指在特定历史阶段中具有边际报酬递减生产力形态的人力资本。李建民教授分别从个体和群体的角度来定义人力资本,前者指存在于人体之中、后天获得的具有经济价值的知识、技术、能力和健康等质量因素之和;后者指存在一个国家或地区人口群体每一个人体之中,后天获得的具有经济价值的知识、技术、能力及健康等质量因素之整合。[①] 李忠民博士对人力资本的定义则强调了人力资本作为价值范畴的特性,突出了人力资本内生的抽象的一面。他认为:所谓人力资本是指凝结在人体内,能够物化于商品或服务,增加商品或服务的效用,并以此分享收益的价值。[②] 国内学者给人力资本下的这些定义,各自从某个侧面反映了人力资本的含义或特征,有助于人们全面理解人力资本的内涵和本质属性。

2. 对人力资本理论的分析和评价研究

人力资本理论引入国内后,中国学者从不同的角度对其展开

---

① 李建民:《人力资本通论》,上海三联书店,1999 年,第 41 - 43 页。
② 李忠民:《人力资本:一个理论框架及其对中国一些问题的解释》,经济科学出版社,1999 年,第 28 - 30 页。

了分析、讨论和评价,学者们对人力资本促进经济增长的重要作用普遍认同。同时国内学者在理论分析的基础上,借鉴新经济增长模型,大量采用定性方法研究中国人力资本问题,在取得相关数据和资料十分困难的情况下,尝试建立中国的人力资本经济模型,并取得了一定的成果。

3. 关于人力资本与个人收益分配方面的研究

关于人力资本收益分配方面的研究,主要集中在 20 世纪 90 年代中期国内关于公司治理结构中人力资本所有者是否是企业所有权主体的大讨论过程中。中国学者从人力资本与其所有者不可分离出发,分别得出了截然相反的结论。张维迎等学者认为,非人力资本所有者拥有企业的完全所有权,即"资本雇佣劳动"是企业永恒的命题,人力资本所有者分享企业的所有权。牛德生、工学武等学者从逻辑论证和转化现实条件出发,也认为即使是在社会主义市场经济条件下,资本雇佣劳动仍然是主流形式。人力资本持股、管理层收购只是使人力资本所有者的目标利益函数与自身的利益函数相一致的一种激励机制,而没有从根本上改变分配方式。而学者周其仁则认为,"劳动雇佣资本"是市场里的发展趋势,人力资本具有参与分配的特权。同样方竹兰也认为,非人力资本所有者在现代市场经济中容易规避风险,而人力资本由于其资本的专用性和团队性使其成为企业最终风险的承担者,因而应为劳动雇佣资本,且人力资本所有者拥有企业所有权是一个趋势。关于人力资本的收益分配,徐国君、夏虹则认为,个人收入的分配原则是按生产要素分配,即按人力资本在社会财富创造过程中的贡献大小和物力资本在价值创造中的条件作用来分配,提出要提高人力资本开发与使用的经济效率,几乎唯一有效的途径就是满足人力资本的报酬要求,即实行充分的激励制度。他们所引用的例子就是美国硅谷形成和发展的两大根本性因素:"自由竞争"和"充分报酬"。

综上所述,可见中国学者在人力资本理论方面研究取得的成果大多集中在微观领域的研究,而对人力资本的核心理论如人力资本的形成和效率等方面缺乏研究。

二、人力资本产权理论国内外研究综述

关于人力资本的产权,西方学者并没有进行过多的研究,原因是在西方投资人力资本的主体较为明晰,产权也很容易界定,因此,未能引起人们更多的关注。在人力资本产权中的所有权问题上,罗森、巴泽尔等人的有关论述佐证人力资本仅属于其承载者所有的观点。新劳动经济学的代表人物舍温·罗森(Sherwin Rosen)则指出,人力资本的"所有权限于体现它的人",亦即人力资本产权归属人力资本的携带者而与多元的投资者无关,但他强调此种产权特性的前提条件是必须在"自由社会"里,其意是排除掉可以蓄奴的奴隶社会,因为既然奴隶是属于奴隶主的私有财产,那么奴隶的人力资本当然也是奴隶主的私人产权。① 美国经济学家巴泽尔(Barzel)根据其对奴隶制度的研究对罗森的上述观点进一步做出修正,从奴隶是一种能够控制其人力资本供给的"主动财产"的角度出发,认为即使在奴隶制下人力资本仍然属于其承载者。② 舒尔茨虽然曾经提到过人力资本产权问题,但并没有进一步加以研究,其人力资本理论中提及的产权问题也没有引起西方学者更多的关注。

---

① Sherwin Rosen. Theory of Distribution of Labor Earning, Journal of Political Economy, 1998,24(8):34-39.

② Y. Barzel. Economic Analysis of Property Rights. Cambridge University Press, 1989.

在中国由于产权问题与改革开放的实践是密切相关的,所以关于人力资本产权及其制度创新的讨论异常热烈。李建民把人力资本产权理解为人力资本所有权,认为人力资本产权是存在于人体之内,具有经济价值的知识、技能乃至健康水平等的所有权。他还认为,人力资本的所有权可以是多元化的,人力资本的"承载所有者"与其所有者是不同的,他们之间充满矛盾。①张维迎则从企业产权角度理解,认为人力资本产权决定企业的控制权和剩余索取权。② 黄乾从产权可交易性和合约性来理解,认为人力资本产权是市场交易过程中人力资本所有权及其派生的使用权、支配权和收益权等一系列权利的总称,是制约人们行使这些权利的规则,本质是人们的社会经济关系的反映。③ 周其仁、杨瑞龙、方竹兰等从产权的角度研究企业人力资本,发现产权在企业理论研究中的运用还不够彻底,存在一个重要的缺憾,即缺乏对人力资本产权的承认和规定。周其仁认为企业就是由人力资本所有者与非人力资本所有者以契约形式组合而成的,把人力资本提高到了与物资资本同等重要的程度,充分肯定了人力资本产权特征。④ 就产权本身,周其仁认为,一方面人力资本具有独一无二的所有权,它天然归属于个人,它的所有权限于体现它的人。另一方面,人力资本产权具有完备性和关闭性功能。它的产权权利一旦受损,其资产可以立刻贬值或荡然无存。当人力资本产权中的一部分被限制或删除时,产权的主人可以将相应的人力资本"关闭"起来。方竹兰则根据周其仁的观点进一步提出,人力资本不但应拥有产权及产权

---

① 李建民:《人力资本通论》,上海三联书店,1999 年,第 63 – 67 页。
② 张维迎:《所有制、治理结构及委托代理关系》,《经济研究》,1996 年第 9 期。
③ 黄乾:《论人力资本产权的概念、结构与特征》,《劳动经济》,2001 年第 2 期。
④ 周其仁:《市场里的企业:一个人力资本与非人力资本的特别合约》,《经济研究》,1996 年第 6 期。

收益,而且从发展趋势来看,人力资本产权应占据主导地位。杨瑞龙、周业安通过研究提出:人力资本与非人力资本是企业里两个对等的产权主体,企业所有权主体安排是分散地对称分布于不同所有者主体(人力资本与非人力资本),每个所有权主体所拥有的企业所有份额是所有者之间讨价还价的结果,影响这个结果的因素有:谈判力、资产专用性、重要性、信息显示机制等。①

　　中国学者充分肯定并论证了人力资本的产权特征,从而使西方人力资本的研究进入到一个新阶段。因为西方人力资本理论研究虽然充分肯定了人力资本在经济发展中的积极作用,但是并没赋予人力资本的产权地位,从而使人力资本理论得不到根本性的发展。尤其是随着资本主义的发展,垄断逐渐形成并不断加强,传统经济学的假设不攻自破,产权理论变得越来越具有现实意义,明确的产权界定已成为资源有效配置的必要条件。长期以来,中国忽视了人力资本所有者的产权,或者说,常常抹杀人力资本所有者的产权。在改革开放中,人们终于认识到人力资本的重要性,只有充分尊重人力资本的产权,才能更好地发挥人力资本的作用,企业才有发展潜力和后劲。② 于是,人力资本产权及其制度创新就成为热点问题之一。

　　目前中国学术界对人力资本产权问题讨论的几个热点是:

1. 人力资本产权与其所有者是否可分离;
2. 中国国有企业中人力资本产权的收益权的归属问题;
3. 人力资本产权所有者对剩余的索取权问题;
4. 人力资本产权所有者对所在企业风险的承担问题。

---

① 杨瑞龙,周业安:《一个关于企业所有权安排的规范性分析框架及其理论含义》,《经济研究》,1997 年第 1 期。
② 罗明忠:《人力资本产权理论及其现实思考》,《南方经济》,2002 年第 3 期。

三、运动员人力资本及其产权国内外研究现状

在欧美等发达国家,运动员人力资本及其产权方面的问题受到了经济学家的广泛关注与研究。由于欧美等发达国家的市场经济比较完善,运动员人力资本投资主要是个人或俱乐部等,故人力资本产权问题一般较清晰。关于运动员人力资本投资与收益方面的研究,更多的是关注运动员的经营与收益方面。如 Bonnie L. Parkhouse(1996 年)从职业体育的劳资关系出发,以美国的棒球运动为模式对运动员收益方面的工资可能发生的问题,以及劳资关系的组成部分,集体议价协议的内容,资方与劳工的基本要素进行了分析。David Carter 和 Darren Rovell(2001 年)从个人品牌塑造、雇员关系、挺进新市场等方面对优秀运动员如何从经营角度去获得更大收益进行了阐述。从以上研究可以看出,国外学者更注重运动员人力资本投资与收益的市场化特征研究,在某些方面完全是按照市场调节和法律调节的手段对运动员人力资本的投资与收益进行研究,这是市场经济发达国家的特点。

中国关于运动员人力资本及产权方面的研究刚刚起步,据掌握的现有资料和在国家图书馆电子阅览室查询结果,涉及"运动员人力资本"方面研究的博士论文只有两篇。一篇是上海体育学院2007 届博士生刘平的《中国运动员人力资本形成与收益分配研究》,该研究运用人力资本理论,研究了中国运动员人力资本收益结构、收益分享机制和收益分配制度建设等重要问题。另一篇是北京体育大学2008 届博士生刘建的《中国优秀运动员的人力资本投资风险及其应对研究》,在该研究中,刘建博士以运动员投资主体为视角,对中国优秀运动员人力资本投资风险问题展开研究,构建了运动员人力资本投资风险的理论框架,阐释了投资风险的形成机理,并提出了相应的应对策略。课题研究方面,涉及"运动员

人力资本及产权"的课题,2005 年第一次出现在国家体育总局社会科学课题指南中,2006 年立项 3 项,2007 年立项 2 项,均为一般项目。而在近三年的国家哲学社会科学基金项目中每年都有涉及运动员人力资本及其产权等问题的课题被立项予以资助,可见在新的形势下,国家政府部门已对中国优秀运动员人力资本及其产权等相关问题较为关注。表 1-1 是近几年关于运动员人力资本及其产权方面已完成研究任务的课题一览,主要是国家体育总局哲学社会科学项目。

表 1-1　国家近几年涉及运动员人力资本及其产权方面研究的课题

项目号	课 题 名 称	承担人	承担人单位
1094SS07051	中国运动员人力资本产权界定与保护	张贵敏	沈阳体院 一般项目
1168SS07125	职业运动员人力资本产权的界定和保护研究	陈平平	上海大学 青年项目
936SS06068	中国竞技体育职业化人力资本产权研究	许永刚	广州体院 一般项目
942SS06074	运动员人力资本的产权界定与保护研究	杨再惠	中央财大 一般项目
952SS06084	中国优秀运动员人力资本投资与收益研究	程　杰	上海大学 一般项目
06CTY005	中国运动员人力资本收益分配研究	张贵敏	沈阳体院 国家社科基金
274SS0050	中国运动员流动中的产权问题研究	吴寿章	国家体育总局 竞体司

目前,在我国学术期刊上公开发表的关于"运动员人力资本与产权"方面研究的文章只有 20 余篇。梁海波、付树农在《对竞技体育运动员人力资本产权问题的一点思考》一文中认为:用"产权分割"来解释运动员与投资者之间的权利分配的观点仍值得商榷,事实上,人力资本所有权与运动员本人不可分离,脱离运动员本人的

运动员人力资本所有权是不存在的。即使可以分离，运动员也可通过偷闲、辞职就可以轻易架空其他人分割到的所谓人力资本产权，因而"分割"实际上很难实现。① 李红英、岳龙华在《竞技运动员人力资本产权界定与"困境"的破解》中指出：在中国转轨时期，竞技运动员人力资本"困境"的彻底破解，应诉求于专业运动员培养机制的改变，随着社会的发展人力资本的承载者必将要求越来越多的产权。② 武秀波、李艳清在《我国运动员人力资本形成与收益分配的特殊性》中根据运动员人力资本的职业特点，指出运动员人力资本的特殊性体现在：运动员人力资本获得收益的时间短，投资机会成本高、具有高风险性，运动员人力资本具有极强的专用性。③ 李海、万茹在《运动员人力资本产权的本质与特征》中指出：运动员同企业家、管理者一样应拥有自身的人力资本，运动员的人力资本具有特殊性，同样存在着产权。运动员人力资本的载体是运动员自身，其产权具有排他性、可分解性和可交易性。运动员人力资本载体并非天然是运动员人力资本产权主体，人力资本与其载体不可分离的特性，决定了在运动员人力资本所有权与其自身分离的情况下可能导致人力资本产权的残缺。④

谢亚龙在《金牌的产权究竟归谁?》一文中以"孙悟空的产权究竟属于谁?"为例，从经济学和法律的角度分析了中国获得奥运冠军的运动员人力资本的产权问题。研究指出：运动员的人力资

① 梁海波，付树农：《对竞技体育运动员人力资本产权问题的一点思考》，《当代经济》，2007 年第 5 期。

② 李红英，岳龙华：《竞技运动员人力资本产权界定与"困境"的破解》，《山东体育学院学报》，2006 年第 4 期。

③ 武秀波，李艳清：《我国运动员人力资本形成与收益分配的特殊性》，《沈阳师范大学学报》，2006 年第 2 期。

④ 李海，万茹：《运动员人力资本产权的本质与特征》，《北京体育大学学报》，2007 年第 7 期。

本具有自主性,金牌的产权归运动员自己,即奥运金牌的获得者是奥运金牌的法律拥有者,具有对金牌及其无形资产的使用权、交易权、转让权和获益权。金牌的产权,其实质是运动员的知识产权问题,但由于产权具有分割性和可让渡性等性质,项目协会可以与运动员以平等的方式,用契约来界定运动员无形资产的经营和分割方式。基于中国基本国情,金牌无形资产的经营权、金牌生产过程知识产权的保护权、运动员人力资源在一定时间内的使用权、运动员经济收益的分配权等,可以主要由国家体育管理部门代表国家行使权利,和运动员共同经管、依法分配。① 范存生在《基于"双产权"视角的奥运冠军产权边界与机制研究》一文中通过分析中国奥运冠军人力资本及其产权归属问题后认为:中国运动员的培养,国家是主要投资主体,因此运动员产权归国家所有,但是运动员本身也是使其成为奥运冠军的主要投资主体之一,也应该拥有自己的产权主体地位及相应权利。产权归属问题的界定既不能脱离中国现有的经济体制和体育发展现状,也不能忽视体育人力资本(奥运冠军)本身的产权主体。基于上述思想提出转型期"双产权"制度构想及其实现机制。② 宋君毅的文章《我国竞技体育高水平运动员人力资本市场化》从制度经济学角度分析了中国竞技体育运动员人力资本市场化的阻力,并从强制性制度变迁和诱致性制度变迁两个方面提出了深化中国竞技体育运动员人力资本市场化的建议。邹国防在《产权分割:竞技体育运动员人力资本产权问题的思考》一文中对竞技体育人力资本投资与人力资本形成,投资风险与机会成本研究后指出:作为竞技体育运动员人力资本最大的两

① 谢亚龙:《金牌的产权究竟归谁?》,《体育文化导刊》,2005年第3期。
② 范存生:《基于"双产权"视角的奥运冠军产权边界与机制研究》,《武汉体育学院学报》,2007年第3期。

个投资主体,国家和运动员本人都应具有参与运动员人力资本产权的分割和控制的权利。① 邓春林在《人力资本所有权与债权——论运动员与投资者的权利》一文中对专业运动员人力资本进行了研究,认为投资主体多元化不能改变运动员人力资本所有权的私有性质,运动员人力资本的使用权、收益权、处置权的归属具有二元性,既属于运动员,又属于投资者。② 吴晓阳在《不同运动技能职业运动员人力资本价值测度模式的探讨》一文中通过对人力资本价值核算理论的分析和研究,采用计量经济学方法研究了不同运动技能职业运动员人力资本价值评价及其测度模式,试图为今后制定职业运动员薪酬、转会价格等方面提供较为科学、合理的参考依据。③

　　以上是近几年中国学者对中国运动员人力资本及其产权界定方面较有价值的一些研究,对中国运动员人力资本产权明晰和界定具有一定的指导意义。不足之处是上述期刊文章只是大一统地阐述,且视角单一,缺乏系统、全面、深入的理论分析,其借鉴意义有限。通过以上分析,可见国内对运动员人力资本及其产权方面的研究,起步较晚,文献较少,还处于零散、边缘化的研究状态,缺乏对中国运动员人力资本及其产权制度建设等问题的系统性研究。

---

① 邹国防:《产权分割:竞技体育运动员人力资本产权问题的思考》,《体育与科学》,2004 年第 3 期。
② 邓春林:《人力资本所有权与债权——论运动员与投资者的权利》,《天津体育学院学报》,2006 年第 3 期。
③ 吴晓阳:《不同运动技能职业运动员人力资本价值测度模式的探讨》,《体育科学》,2006 年第 11 期。

第四节 研究的思路和过程

一、基本界定

研究的理论依据：以马克思政治经济学、人力资本理论、产权理论为研究的理论依据。

研究的时间纬度：从1978年中国改革开放至今，研究转型期中国运动员人力资本形成、投资及其产权制度建设等问题。

运动员：中国省级以上体工队运动员、各级国家队运动员、各行业体协运动员以及各职业俱乐部运动员。

二、研究思路

（一）以马克思政治经济学、人力资本理论、新经济增长理论等经济学理论为支撑，结合运动员人力资本的特殊性，全面分析研究运动员人力资本的本质与特点、内涵与外延、投资及形成过程以及运动员人力资本的价值体现等基本理论问题，建立运动员人力资本及其产权理论体系的分析框架。（文献资料法、理论分析法）

（二）在考察中国长期以来在举国体制下形成的运动员培养途径的前提下，结合现阶段中国经济转轨、社会转型的特殊时期，拓展运用人力资本及其产权理论，深入分析中国运动员人力资本的形成过程及其投资行为。并通过社会调查、案例分析全面分析现阶段中国运动员人力资本产权的现实状况及其产权边界模糊不清的原因。（文献资料法、问卷调查法、访谈法、案例研究法）

（三）从经济学劳动力产权、马克思产权理论、西方产权理论和法律视角，结合社会主义市场经济特征、中国体育管理体制、社会发展环境，在全面分析现阶段中国运动员人力资本产权现状及其权能构成的基础上，探索建立符合社会主义市场经济条件的中

国运动员人力资本产权制度框架模式。(理论分析法、文献资料法、逻辑分析法)

(四)依据中国相关法律法规、六部委联合下发的《运动员聘用暂行办法》、《中国运动员退役安置条例》等,结合中国特色社会主义市场经济的内在要求,在上述研究的基础上提出中国运动员人力资本及其产权保护的策略和政策建议。(文献资料法、访谈法)

三、研究对象

(一)理论研究对象

中国运动员人力资本投资及其产权制度。

(二)实证研究对象

中国省级以上体工队运动员、国家队运动员、各行业体协运动员以及各职业俱乐部运动员。

四、研究方法

(一)理论研究方法

采用规范研究与实证研究相结合、定性研究与定量研究相结合的理论研究方法。

(二)具体技术研究方法

文献资料法、专家访谈法、问卷调查法、数理统计法、案例研究法、逻辑分析法。

1. 文献资料法

以"运动员"、"人力资本"、"产权"、"athlete"、"human capital"、"property"等词及其组合为关键词,通过中国学术期刊网、Google 等电子搜索工具收集期刊等文献资料。通过国家图书馆、北京大学图书馆、北京体育大学图书馆、江苏大学图书馆、国家体育总局信息中心等处收集专著、期刊、研究报告、资料汇编等相关文献资料,并利用参考文献检索,进一步扩大收集文献资料的范围。根据本课题的研究目的和研究内容的需要,研读经济学、法学等方面的著作,了解课题所涉及的研究前沿,对资料中的部分相关问题进行研究,为本课题的分析与研究奠定理论基础。

2. 专家访谈法

针对中国运动员人力资本的形成机制、运动员人力资本投资情况、运动员人力资本权益分配现状及改革、产权制度建设等问题拟定访谈提纲,访谈中国体育领域、经济领域、体育政府部门以及俱乐部管理部门等方面的专家和人员。

3. 问卷调查法

为了全面了解中国运动员人力资本的基本情况、运动员人力资本的形成及其投资情况、运动员人力资本产权现状和产权制度建设意见等,根据研究的目的和需要,设计了运动员调查问卷——中国运动员人力资本投资及其产权现状调查问卷(见附录 A)。针对该问卷拟定了问卷效度专家评价表(见附录 B),在调查问卷发放之前,请专家对调查问卷的内容效度、结构效度和整体设计进行评价,专家评价结果表明,该问卷具有较高的内容效度和结构效度,整体设计合理。从 2008 年 9 月—11 月期间,对北京、江苏、湖北、湖南、陕西的部分省体工队以上运动员进行调查,问卷的发放与回收通过运动队领队或教练员来协助实施。为确保调查问卷内容的真实可靠,在调查问卷回收以后,用小样本重测法进行问卷的信度检验,检验结果表明调查具有较高的可信度,符合调查要求。

4. 数理统计法

统计问卷调查的结果并建立 Excel 数据库,借助于 SPSS16.0 社会学统计软件对所获数据进行统计处理。

5. 案例研究法

案例是理论观点实证的重要组成部分,案例分析对于完善研究的观点,论证研究的思想有积极的促进作用。本研究拟通过中国"田亮、王治郅等事件",以及"丁俊晖培养模式"等具体案例分析,剖析转型期中国运动员产权模糊不清的现状及原因,为中国运动员人力资本及其产权制度建设提供理论上的实证依据。

6. 逻辑分析法

在哲学方法论的指导下通过一系列逻辑方法的运用,对中国运动员人力资本的性质、形成、价值及其产权要素、涵义、权益分享等理论问题进行归纳、整理、演绎,力图形成转型期中国运动员人力资本及其产权制度理论体系。

五、研究局限

社会现象的复杂性、主观性和不确定性,研究者的价值观、出发点和目标的差异,研究方法的可选择性和分析工具的多样化,以及社会科学研究领域存在着观点纷呈、学说纷纭、学派林立的现状,在不断提高着后来人的理论创新的难度。本课题跨出体育领域,涉足社会学、经济学、法学等领域,但对于社会学、经济学领域浩如烟海的理论知识与汗牛充栋的书籍、期刊资料,本人也只是触及冰山一角,且难以完全理解与领会本课题涉及的经济学理论的深奥与精髓,因此本研究必然存在着许多的不足和考虑欠佳的地方。

另外在研究的实施过程中,采用访谈与问卷调查来获取运动员人力资本权益分配等关键问题,访谈、调查对象出于自身利益考虑,难免带有主观评价色彩,特别是运动员对"资本"、"产权"等概念的有限认识,会使调查结果的客观性受限。因此,在使用和说明这些数据时,应注意到其中的局限性和可能产生的偏差。尽管本课题力图将研究主体"运动员"范围界定清楚,以描述中国整体运动员人力资本及其产权状况,但在理论分析和问卷调查时仍会将研究范围限定在有限的省级以上体工队运动员和部分国家队运动员这一范围,一方面是出于时间、精力以及一些研究客观条件的限制,另一方面是基于举国体制下各省体工队及国家队培养运动员模式具有相似性特点的考虑。

第二章

人力资本理论与中国运动员人力资本

第一节　人力资本理论

一、人力资本理论的渊源

　　早在古希腊思想家柏拉图的著作中就有关于人力资本思想的论述,柏拉图在其名著《理想国》中对教育和训练对增长人的经济价值进行了论述,他认为可以通过基础教育来发展人的先天能力从而决定这个人所处的社会阶层。人力资本理论来自于 17、18 世纪人们对人的经济价值的思考,人的经济价值自古以来就是许多中外思想家和学者们所探索的命题。许多文献认为,关于人的经济价值的思想可能始自英国古典经济学创始人之一的威廉·配第(1665—1691 年)。配第在其代表作《政治算术》中根据劳动价值论,提出了"土地是财富之母,劳动是财富之父"的著名命题,并充分肯定了人的经济价值。他认为:人力和物质对生产起着同样重要的作用,人力的作用甚至比物质资本的作用更大。一般认为,这是"首次严肃地运用了人力资本概念"。① 然而,威廉·配第并没有将人力看作资本。第一个将人力视作资本的经济学家是古典政

――――――
　　① [英]翰·伊特韦尔,等:《新帕尔格雷夫经济学大辞典》(第二卷),经济科学出版社,1992 年,第736 页。由舍温·罗森(Sherwin Rosen)撰写的词条 Human Capital(人力资本)。

治经济学理论体系的建立者和杰出代表——亚当·斯密（Adam Smith），他在其1776年出版的《国富论》（The Wealth of Nations）中提出了初步的人力资本概念。他说："学习是一种才能，须受教育、须进学校、须做学徒，所费不少，这样费去的资本，好像已经实现并且固定在学习者的身上。这些才能，对于他个人自然是财产的一部分，对于他所属的社会，也是财产的一部分。"他认为，劳动力是经济进步的主要力量，全体国民后天取得的有用能力，都应被视为资本的一部分。他还认为，人们学习有用的技能，是一种投资活动，学习中所花费的费用，可以得到偿还，赚取利润。① 但是，斯密也没有将人力资本概念引入经济学的理论框架当中。在亚当·斯密之后，约翰·穆勒在他的《政治经济学原理》中指出，"技能与知识都是对劳动生产率产生重要影响的因素"，并且强调人们通过教育和培训取得的能力应当同工具、机器一样被视为国民财富的一部分。

到了19世纪，英国"剑桥学派"创始人阿尔弗雷德·马歇尔（Alfred Marshall）明确地指出"所有的投资中，最有价值的是对人本身的投资"，"以一种抽象和数学的观点来看，无可否认，人是资本"。② 在马歇尔的研究中，学校教育和家庭培养可以看作是对一个人的总投资，对孩子的抚养和早期教育看做是父母的投资，这些投资都具有经济效应，这种效应相当于后来人们所说的"人力资本的代际效应"。由此可见，当时马歇尔已经清楚地意识到人力资本的存在。然而，马歇尔对当时的人力资本思想，持有一种矛盾的观点：一方面承认教育的经济价值，另一方面却不接受甚至反对人力

---

① ［英］亚当·斯密：《国富论》，商务印书馆，1964年，第257－258页。
② ［英］马歇尔：《经济学原理》（上卷），朱志泰译，商务印书馆，1964年，第229－233页。

资本概念。他个人认为,虽然从一种抽象的和数学的角度来看,人是资本无可否认,但在现实生活中把人当作资本来分析,与市场的实情是不相吻合的。马歇尔对人力资本的这种认识使他最终将人力资本概念排除在经济学的核心内容之外。

进入 20 世纪,美国著名的经济学家费雪(Fisher)通过大量的研究后认为,任何可以带来收入的财产都可以看做是资本。他对资本的概念重新给予定义,对其内涵也进行了扩展,于 1906 年出版了《资本的性质和收入》一书,书中首次提出人力资本的概念,并将其纳入经济学的核心内容当中。1935 年,美国经济学家、哈佛大学教授沃尔什(J. R. Walsh)发表了《运用于人的资本概念》一文,第一次对人力资本概念作了正式阐述,并试图运用人力资本概念分析社会经济现象。尽管在 1906 年费雪就提出了人力资本的概念,但是由于历史的原因以及人们思想行为意识的限制,人力资本的概念一直没有得到主流经济学派的接受和认可。直到 20 世纪 50 年代末,舒尔茨在他著名的人力资本投资的演讲中,明确提出人力资本的概念,并首次阐述了人力资本投资、形成过程以及人力资本在经济增长、工资增长等方面的作用,并与他的其他一些研究成果一起形成了现代人力资本理论的基本框架,开创了经济学中一个崭新的领域。

二、人力资本的概念及内涵

关于人力资本的概念,大部分学者接受了舒尔茨的定义,即人力资本就是指体现于劳动者身上,通过投资形成并由劳动者的知识、技能和体力所构成的资本。舒尔茨认为人力是社会进步的决定性因素,但人力的取得不是无代价的,需要耗费稀缺资源。人力,包括知识和技能的形成,是投资的结果,掌握了知识和技能的人力资源是一切生产资源中最重要的资源,人力资本是现代经济增长的主要因素,是一种有效率的经济。① 王建民博士对舒尔茨人力资本的定义做了进一步的拓展,认为人力资本概念有广义和狭义之分。广义的人力资本,涉及人的体质、智力、知识和技能4部分;狭义的人力资本,只包括凝聚在人身上的知识和技能两部分。② 针对人力资本理论,一些学者从不同视角予以剖析和研究,在研究过程中对人力资本的概念也作了进一步的引申,给出的定义累计有20余种表述,这里不一一罗列。

中国学者对于人力资本内涵的认识中具有代表性的观点有以下6种:一是认为人力资本具有层次性。人的健康、体力、经验、生产知识和技能等属初级层次的人力资本,而人的天赋、才能和智慧等属高级层次的人力资本。③ 二是认为人力资本具有质态差异性,人力资本具有异质和同质之分。异质性人力资本是指在特定历史阶段中具有边际报酬递增质态的人力资本,同质性人力资本是指在特定历史阶段中具有边际报酬递减质态的人力资本。④ 三是认为人力资本具有群体和个体共存性。个体人力资本指存在于个人身体之中、后天获得的具有经济价值的知识、技术、能力和健康等质量因素之和;群体人力资本指存在一个国家或地区人口群体每一个人体之中,后天获得的具有经济价值的知识、技术、能力及健康等质量因素之整合。⑤ 四是认为人力资本内涵具有伸缩性,其概念有广义和狭义之分。广义的人力资本包括人的体质、智力、知识和技能4部分,狭义的人力资本只包括凝聚在人身上的知

---

①　[美]西奥多·W·舒尔茨:《论人力资本投资》,北京经济学院出版社,1992年,第92页。

②　王建民:《人力资本生产制度研究》,经济科学出版社,2001年,第49页。

③　周坤:《论人力资本的特征及其价值实现》,《中国科技论坛》,1997年第3期。

④　丁栋虹:《从人力资本到异质型人力资本》,《生产力研究》,1999年第3期。

⑤　李建民:《人力资本通论》,上海三联出版社,1998年,第42页。

识和技能两部分。① 五是认为人力资本的外延具有宽广性。人力资本不仅包括人的知识、技能和健康,还应包括人的信誉、个人魅力、社会关系和公共知名度等。② 这与柯武刚、史漫飞的观点类似。柯武刚等人认为,人力资本一词有时只与体现在个人身上的那些资产(技能、知识、诀窍)有关;但有人持一种广义的人力资本概念,这种概念包括了共同的、非有形化的知识,诸如共同的价值观、共同的习俗、法则和法律(即"制度")。因此,人力资本远远超出了正式知识或知识分子所了解的知识,它包含着各种不可言传的非正式知识、习性和基本价值观,以及各种全社会共有的规则体系。③ 六是认为人力资本具有种属性。人力资本的属概念是人,种概念是资本,整个定义应体现这种"种""属"差别,由此人力资本可分为效率性人力资本、动力性人力资本和交易性人力资本。④

人力资本理论突破了传统理论中的资本只是物质资本的束缚,将资本划分为人力资本和物质资本,人力资本理论把人的生产能力的形成机制与物质资本等同,提倡将人力视为一种内含于人自身的资本——各种生产知识与技能的存量总和。人力资本除了具有许多与其他资本一样的共性外,还具有自己鲜明的特点。这些特点对人力资本投资与形成、人力资本效能的发挥等具有十分重要的影响。概括起来人力资本的主要特点表现在以下几个方面:

(一) 人力资本存在于人体之中,与其承载者不可分离,因此,人力资本不能像物质资本那样直接转让或买卖,除非是在失去人

---

① 王建民:《人力资本生产制度研究》,经济科学出版社,2001 年,第 49 页。
② 吴震棚,韩文秀:《人力资本概念的扩展》,《天津大学学报(社会科学版)》,2004 年第 4 期。
③ 柯武刚,史漫飞:《制度经济学》,商务印书馆,2000 年,第 25 页。
④ 程承坪:《对人力资本概念的新认识》,《江西财经大学学报》,2001 年第 5 期。

身自由的条件下。在全体社会成员都拥有人身自由的社会中,人力资本只能被出租,或转让人力资本的使用权。

（二）人是具有高级思维和主观能动性的高级生命体,人力资本的形成与效能的发挥都与人的生命周期紧密地联系在一起,因此,人的年龄及其身体健康状况的变化对人力资本具有决定性的影响。

（三）一个人所能拥有的人力资本是有限的,不同人的人力资本的存量也不同,这种有限性和差异性主要受到一个人的体力、精力和生命长度以及知识技能等自身条件的约束。另外一个人所具有的非互补性的人力资本也不能同时使用,其经济意义在于,在市场经济条件下,人们难以形成像对物质资本垄断那样对人力资本进行垄断和使用。

（四）人力资本的形成与效能的发挥受其承载者个人条件、性格、偏好等因素的影响。对于物质资本所有者,其目标明确直观,就是追求经济利益的最大化。但是人力资本的所有者却不同,他不仅仅是追求收入的最大化,也可能是其他方面效用的最大化,如自我价值的实现、自我感觉良好、生活幸福满意等。因此在向市场提供人力资本时,人力资本的承载者一方面要考虑收入水平或经济收益,另一方面也会考虑职业的社会声望等因素。此外,人力资本承载者还会关注工作环境,因为他本人必须出现在人力资本使用的现场。

（五）人力资本是以内隐的形式存在于人体之中,也就是说一个人可能拥有不同形式的人力资本,这些不同形式的人力资本有些是可以互补的,在生产过程中可以或必须同时使用。但也有些人力资本,例如彼此不相关联的知识和技术,是不能同时使用的。因此在同一时间内就一个人或一个人口群体人力资本而言,有些人力资本在发挥效能,而另外一些人力资本则会闲置,这一不同于物质资本的特性会给人力资本的价值带来影响。

(六)人力资本效能的发挥往往需要彼此互补的各种形式的人力资本共同作用,因此,其效能发挥的程度并不一定取决于存量水平最高的那种人力资本,而是在很大程度上受到存量水平最低的人力资本的制约,即"短边"人力资本的存量水平,也就是人力资本存在"短边效应"。比如一个具有较高技术资本存量的人,如果其健康状况很差或者说健康资本存量很低,那么其技术资本效能发挥的程度必然低于在健康资本存量较高条件下的发挥程度。

(七)人力资本的形成需要投资,因此人力资本的形成一般是在消费领域,当然有时也会在生产领域。例如,某些技术和经验是在物质产品生产和服务的过程中获得和积累的,而与此相联系的是,家庭是人力资本的重要生产单位,人力资本的生产单位还包括各种各类教育机构和医疗机构等。

(八)人力资本与物质资本与其他形式的资本所不同的是,人力资本不仅是一种经济资源,而且还是一种涵义丰富的社会资源,除了可以给所有者带来经济收益外,还可以直接或间接地带来许多社会方面的收益。可见,人力资本收益的两重性或者说多重性对人类社会的进步和发展以及对人类文明具有十分重要的意义。

综合国内外学者对人力资本概念从不同视角的多种界定,结合上述人力资本所具备的特点,充分表明了人力资本内涵的不稳定性和外延的不确定性。尽管当前经济理论界对人力资本概念没有一个统一的界定,但也形成了一种共识,即人力资本是人的教育、知识、技能等的综合体,存在于高级别的人力资源中,能够为所有者带来未来收益的增加,包含以下三个方面的内涵:

(一)人力资本是以潜在的形式体现、凝结和贮存在人体之中的知识、技能、健康等因素的总和，与作为其载体或天然所有者的个人不可分离。

（二）人力资本必须通过一定费用的投资转化而来，没有费用的投入就不会形成和获得，即人力资本的形成需要投资。

（三）人力资本可以带来一定的未来收益，是具有经济价值的生产能力，也就是说，人力资本具有资本增值的特征。

综合分析国内外学者从不同视角给出的数十种人力资本概念，结合经济理论界对人力资本概念内涵的共识，本研究给人力资本做出如下定义：所谓人力资本是指特定行为主体通过对人的投资形成的凝聚在人身上并能带来未来收益的知识、技能、能力、健康、声誉等因素的价值存量。本人认为上述定义能够揭示人力资本以下本质属性：第一，从本质上看，人力资本是一种能力，是劳动力发展到一定阶段的产物，并且由劳动力转化而来，揭示了人力资本的劳动力属性。第二，指出人体是人力资本存在的载体，揭示出人力资本的人身依附性，这是人力资本区别于物质资本最本质的特征。第三，表明人力资本属于价值范畴，是一种以复杂劳动力为载体的可变资本，是一种具有自我增殖能力的价值。第四，该定义揭示了人力资本的核心内容，包括知识、技能、能力、健康、声誉等质量因素。

三、人力资本的性质

人力资本的性质问题，实质上就是要回答人力资本为什么可以被视为一种"资本"的问题。对于将人的知识、技能和健康等称为资本的原因，舒尔茨的解释是，"我们之所以称这种资本为人力的，是因为它已经成为人的一个部分，又因为它可以带来未来的满足或者收入,所以将其称为资本"。[1] 人是现代社会进步的决定性因素,但人力的取得即知识、技能、健康的形成和获得,是人们投资的结果,掌握了知识和技能的人力资源是一切生产资源中最重要的资源,人力资本已经成为现代经济增长的主要因素。李建民在《人力资本通论》一书中归纳出人力资本的性质主要为生产性、稀缺性、可变性和功利性。[2]

(一) 人力资本的生产性

人力资本的生产性是人力资本最基本的性质。人力资本是社会生产过程中必不可少的生产要素,是人类社会重要的经济资源,特别是在现代社会经济生活中,人力资本相对于物质资本的重要性更加显著。

(二) 人力资本的稀缺性

由于人力资本的形成和获得需要进行专门的投入,因此人力资本也是一种稀缺性资源。人力资本的稀缺性一方面表现在个体所能获得的人力资本及其维持的时间是有限的;另一方面是因为人力资本的形成和存量的增加需要投入劳动、时间和金钱等稀缺性资源。在现实生活中,人力资本存量水平越高,越是高品级的人力资本,其稀缺性也就越大。

(三) 人力资本的不稳定性(可变性)

人力资本人身依附性的本质特征,也就决定了人力资本存量水平或价值具有不稳定性,其价值存量是可变化的。人力资本的不稳定性一方面表现在通过人力资本投资和社会需求的变化其存量价值会增加;另一方面表现为负增长变化,即人力资本的消耗、

---

① [美]西奥多·W·舒尔茨:《论人力资本投资》,北京经济学院出版社,1992年,第92页。

② 李建民:《人力资本通论》,上海三联书店,1999年,第43-45页。

闲置和贬值,人力资本同物质资本一样,在使用过程中也会有不同
程度的消耗。

（四）人力资本的功利性

资本的本质是增殖,人力资本既然属于资本的范畴,在使用和
交易过程中就必然具有功利的性质,也就是说人力资本是其所有
者用来谋取经济利益的一种手段。人们之所以愿意牺牲或放弃眼
前的利益进行长期的人力资本投资,主要目的就是为了在将来能
够从中获得更多的收益。

四、人力资本的特征

人力资本与物质资本作为资本有它们的共同属性:二者都是
生产性资本,都必须通过投资形成,都能通过投资使用带来收益。
然而由于人力资本是与人相联系的,是一种不同于物质资本和一
般可变资本的特殊资本,这些不同构成人力资本的特点,概括起
来,人力资本主要有以下的特征。

（一）人身依附性

人力资本凝聚于人体之中,不可脱离其承载者而独立存在,这
是人力资本与其他任何形式的资本最重要的区别。同时人身依附
性特征也揭示出人力资本是一种能动的活资本,因此,人身依附性
是人力资本最本质的特征。正如周其仁所说:"人的健康、体力、经
验、生产知识、技能和其他精神存量的所有权只能不可分的属于其
载体,这个载体不但是人,而且必须是活生生的人。"[1]　而人身依
附性这一本质特征又派生出如下一系列特点:私有性、递增性、积
累性、再生性、可变性、层次性、不可视性、难以度量性、时效性、弹
缩性、主动性、不可逆性、外在性、相互依存性、互补性、私利性、有

---

① 周其仁:《市场里的企业:一个人力资本与非人力资本的特别合约》,《经济研究》,1996 年第 6 期。

限理性、合作性、社会性等。上述这些特点都是人身依附性在人力资本的各个环节、各个领域的具体体现，它们本身并不能构成人力资本的独立特征。

（二）高品质性

人力资本是一种以复杂劳动力为载体的高品级人力资源，这是人力资本区别于一般可变资本或一般性人力资源的另一个基本特征。一般可变资本的载体是无须专门学习和培训而自然形成的简单劳动力，其效能不超过社会平均水平。人力资本则是以人的复杂劳动力为基础和内容的特殊资本，没有复杂劳动力，就没有人力资本，基于此，人力资本在质量品级、使用效能上高于一般可变资本。①

（三）高投资收益性

人力资本的投资收益率高于物质资本和一般可变资本。人力资本高投资收益率表现在两个方面：静态地看，等量资本投资于人力资本所获得的收益高于投资于其他对象所获得的收益，据有关国家统计，企业人力资本投资所产生的收益是投资于厂房、机器等物质资本所得收益的两倍；动态地看，人力资本投资收益具有递增趋势，而单纯的物质资本投资则具有递减趋势。

（四）外部性

人力资本的外部性特征是指人力资本自身的变化，不仅影响到人力资本的载体本身，而且还会影响到其他的生产要素。卢卡斯的研究指出，每个人力资本的提高都直接引起了社会产出的提高，同时也引起社会平均的人力资本提高。人力资本同物质资本一样，也是生产性资本，是生产过程中必不可少的生产要素，是社

---

① 余文华：《人力资本投资研究》，四川大学出版社，2002年，第17-18页。

会重要的经济资源,对经济发展起着重要的促进作用。部分发达国家经济增长的事实说明,人力资本比物质资本更能有效地推动社会和经济的发展。

（五）人力资本形成的长期性

物质资本的投资形成期比较短,相比而言,人力资本形成从动态角度看可能需要十几年、几十年的时间,甚至伴随着一个人的终生,人力资本较长的投资期限还增加了投资的不确定性。基于投资的长期性和投资中的风险,人力资本所有者要求收益回报来补偿自己的投资。这样的投资回报与物质资本的投资回报是一样的,因为两者都是生产要素。

（六）人力资本具有无限的创造性

人是生产力中最为活跃的要素,人的主观能动性具有无限的发展潜力,人力资本和物质资本相结合能够创造无限的价值。人类社会之所以发展,科技之所以进步,全靠人类自身不断增长的智慧与创造性劳动。

五、人力资本价值的形成及表现

（一）人力资本价值的形成

人力资本价值的形成来源于两个方面,由内生价值和外生价值两部分组成。人力资本的内生价值是依据马克思劳动价值论从内因的角度来探讨人力资本价值的形成。根据劳动价值理论,劳动力价值是维持其所需的生活资料的价值,包括其所必需的生活资料的总和,也包括其子女必需的生活资料。同时,劳动力通过劳动创造价值,创造出比自身价值更大的价值,劳动力天然具有价值增值的特性。根据这种观点,人力资本其自然根源是劳动力,是劳动力发展到一个较高阶段的产物。人力资本的这种内生价值是由劳动力的价值和使用价值决定的,也是人力资本在市场交易中定价的一个基本依据。劳动力的内生价值是形成人力资本的基本内容,人力资本的内生价值不仅仅是劳动力的体力,更重要的是指其潜在的思想、认识、运用能力和创新能力。人力资本内生价值包含天赋人能、自然造化、自我教化三个价值形成过程。

人力资本的外生价值主要指有意识的、自觉的价值生成,是从外因角度探讨人力资本价值的生成。舒尔茨认为,人力资本是指体现在人身上的技能和知识的存量,它是通过教育、培训、保健等方面的投资形成的。这些知识、能力在其使用中,具有资本的基本属性——增殖性。人力资本的外生价值是人们有目的通过后天投资形成的,并基于先天的内生价值完成,人们投资意识的产生往往都依赖于内生价值。人力资本外生价值的形成主要包括成长及教化投资、医疗保健投资、学校教育投资、职业技能培训投资、干中学投资、信息和迁徙投资等,投资的渠道一般有政府投资、个人投资、企业投资、社会团体及慈善投资等。

上述内生价值和外生价值相辅相成,相互统一形成人力资本的价值。内生价值的存在是外生价值得以形成的基础,是外生价值的载体,又通过外生价值表现出来;外生价值是对内生价值的开发与发挥,通过内生价值发挥其收益性效用。①

(二) 人力资本价值的表现

人力资本作为一种商品,同样具有商品的二因素,即使用价值和价值。人力资本的使用价值就是创造价值,由自身价值和价值增殖两部分组成,人力资本价值增殖部分要比传统劳动力的使用价值的价值大得多。人力资本的价值范围比较宽泛,主要包括维护高级劳动力再生产的生活资料价值、维护高级劳动者家属再生

---

① 段兴民:《中国人力资本定价研究》,西安交通大学出版社,2005 年,第 45 - 47 页。

产的生活资料价值,以及用于教育、培训、健康和"干中学"的费用等。事实上,在商品经济条件下,由于资源的稀缺性,人力资本的价值不仅包括人力资本生产中耗费的活劳动价值,而且还包括其中投入的物质资本价值。因为,人力资本也是商品,它的价值也分为(C＋V)＋M 两部分。[①]　人力资本价值形成过程及价值构成如图 2-1 所示。

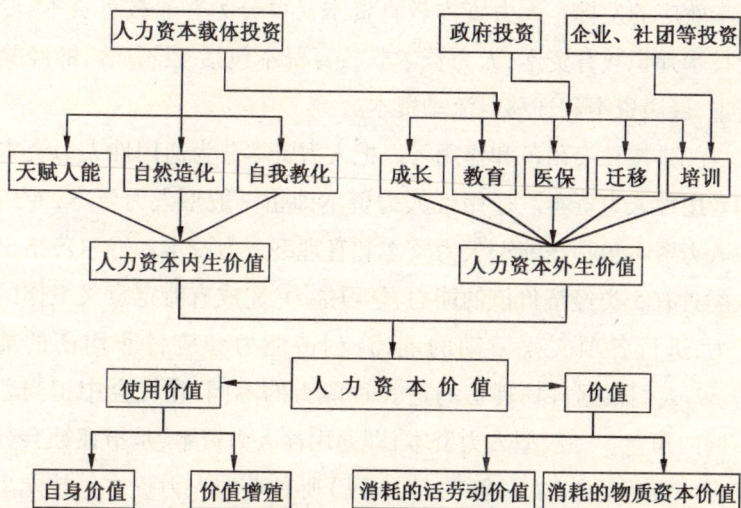

图2-1　人力资本价值形成过程及价值构成

六、人力资本的分类

人力资本是一个总体上的概念,现实生活中由于每个人的禀赋、教育程度、努力程度不同,其人力资本的价值存量是不同的。人力资本作为劳动力发展的高级产物,其意义就在于强调劳动力的异质性,而要准确把握人力资本存量的异质性,就必须通过对人力资本的分类来揭示。国内外学者从不同的角度、不同的划分标

---

① 张文贤:《人力资本》,四川人民出版社,2008 年,第 124－125 页。

准在各自的研究中将人力资本分为各种不同的类型,综合分析这些分类方法以及结合专家学者的评价意见,大家比较认可以下两种分类方法。

一是按其投资形成的方式和途径,人力资本可以分为教育资本与非教育资本两大类。教育资本是人力资本的核心要素,也是最重要的组成部分,这部分人力资本决定或影响着其他形式人力资本效应的发挥。人力资本教育资本又可分为普通教育资本、专业技术知识教育资本;人力资本非教育资本包括"干中学"的经验资本、健康资本和迁移与流动资本。

二是按社会角色和作用可以把人力资本分为通用性人力资本和专用性人力资本。通用性人力资本即指一般型人力资本,专用性人力资本包括技能型人力资本和管理型人力资本。舒尔茨指出人类具有5类经济价值的能力:学习能力、完成有特定意义工作的能力、进行各项文娱活动的能力、创造能力和应付非均衡的能力。[①] 人们根据自身具备的这5种能力的不同,在社会中担当着不同的角色。一般型人力资本,即通用性人力资本,是指在社会分工中一般劳动者(如一般工人、农民)所具有的人力资本。技能型人力资本是指专业技术人员所具有的人力资本,而管理型人力资本是指具有组织管理能力和资源配置能力的各类各级管理人员所具有的人力资本。一般型人力资本、技能型人力资本和管理型人力资本每一类都含有按投资途径划分的各类人力资本。通常对一个人所具有的人力资本按社会角色区分比较困难,因为往往一个人所具有的人力资本并不是单一的,而是复合的,但多数人的人力资本的类型构成会偏重某一类。对人力资本类型的准确判断有利

---

① T. W. Schultz. The Value of the Ability to Deal with Disequilibia. Journal of Economic Literature,1975:13.

于人力资本的配置和有目的的人力资本投资。人力资本分类见图 2-2。

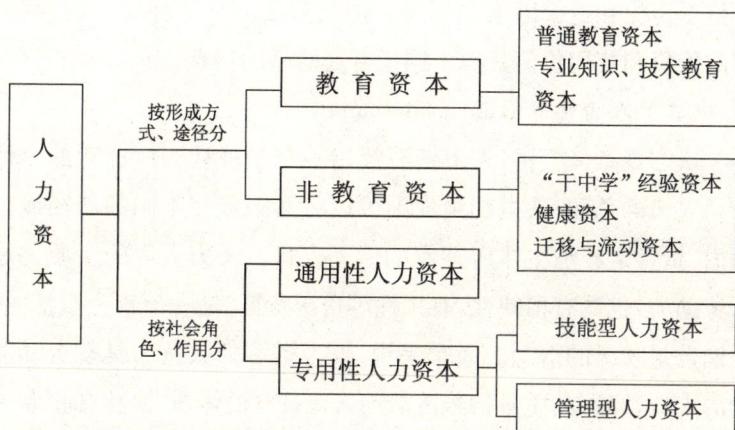

```
                          ┌─────────────┐    ┌────────────────────┐
                          │  教 育 资 本 │───→│ 普通教育资本          │
                    ┌────→└─────────────┘    │ 专业知识、技术教育     │
       按形成方      │                        │ 资本                 │
       式、途径分     │                        └────────────────────┘
┌──────┐            │     ┌─────────────┐    ┌────────────────────┐
│ 人   │            └────→│ 非 教 育 资 本│───→│ "干中学"经验资本      │
│ 力   │──┤                └─────────────┘    │ 健康资本             │
│ 资   │                                      │ 迁移与流动资本        │
│ 本   │            ┌─────────────────┐       └────────────────────┘
└──────┘            │  通用性人力资本    │
            ┌──────→└─────────────────┘       ┌────────────────────┐
       按社会角      │                         │ 技能型人力资本        │
       色、作用分     │     ┌─────────────────┐└────────────────────┘
                    └────→│  专用性人力资本    │┌────────────────────┐
                          └─────────────────┘ │ 管理型人力资本        │
                                              └────────────────────┘
```

图 2-2　人力资本不同类型分类

七、人力资本与相关概念的比较与辨析

（一）劳动力（Labor Force）

劳动力即人的劳动能力，是指"活的人体中存在的、每当人生产某种使用价值时就运用的体力和智力的总和"[1]。劳动力包括一切先天具有和后天获得的劳动能力，是生产力三要素中最为活跃、也最为重要的要素。劳动力是人的体力和脑力的总和，劳动力存在于活的健康的人体中，是社会生产的永恒条件。劳动力有广义和狭义之分。广义上的劳动力指全部人口。狭义上的劳动力则指具有劳动能力的人口。劳动者在生产过程中运用自己的劳动力和生产工具，作用于劳动对象，既可以创造出物质财富，也可以不断提高自己的劳动技能。在不同的社会中，由于生产资料和劳动力结合的方式不同，劳动力的使用状况也不同。劳动力是商品，它和

---

① ［德］马克思，《资本论》（第一卷），人民出版社，1975 年，第 190 页。

其他商品一样具有使用价值和价值。劳动力商品的价值是由生产和再生产劳动力商品的社会必要劳动时间决定的,劳动力商品的价值受历史和道德因素的影响。但是劳动力是一种特殊的商品,它的价值和使用价值具有不同于普通商品的特点。

（二）人力资源（Human Resources）

从宏观意义上讲,人力资源泛指一个经济社会所拥有的全体劳动人口的总和;从微观角度则可以将其限定在不同的口径或范围内,指特定经济主体所拥有的劳动人口。人力资源的实质是原始劳动力,也具有稀缺性、有用性等资源特征,是一个较为概括的、强调数量状况的概念。通常来说,人力资源的数量为具有劳动能力的人口数量,其质量指经济活动人口具有的体质、文化知识和劳动技能水平。一定数量的人力资源是社会生产的必要的先决条件。在现代科学技术飞速发展的情况下,经济发展主要靠经济活动人口素质的提高,随着生产中广泛应用现代科学技术,人力资源的质量在经济发展中将起着越来越重要的作用。

人力资源和人力资本既有联系又有区别,二者的联系在于都是以人为基础而产生的概念,研究的对象都是人所具有的脑力和体力,从这一点看两者是一致的。现代人力资源管理理论大多都是以人力资本理论为根据的,人力资本理论是人力资源管理理论的重点内容和基础部分,人力资源经济活动及其收益的核算也是基于人力资本理论进行的,二者都是在研究人力作为生产要素在经济增长和经济发展中的重要作用时产生的。

人力资源和人力资本的区别主要表现在三个方面。首先,在与社会财富和社会价值的关系上存在不同,人力资本由投资形成,强调以某种代价获得的能力或技能的价值,强调在提高生产力过程中的收益。而人力资源强调人力作为生产要素在生产过程中的生产、创造能力，它在生产过程中可以创造财富，促进经济发展。其次，两者研究问题的角度和关注的重点也不同。人力资本是从成本收益的角度来研究人在经济增长中的作用，它强调投资付出的代价及其收益，考虑投资能否带来收益以及带来多少收益的问题。人力资源则将人作为财富的来源来看待，是从投入产出的角度来研究人对经济发展的作用，关注的重点是产出问题，即人力资源对经济发展的贡献和推动力。最后，人力资源和人力资本的计量形式不同。资源是存量的概念，而资本则兼有存量和流量的概念。人力资源是指一定时间、一定空间内人所具有的对价值创造起贡献作用并且能够被组织所利用的体力和脑力的总和。而人力资本，如果从生产的角度看，往往是与流量核算相联系的，表现为经验的积累、技能的增进和体能的不断损耗；如果从投资活动的角度看，人力资本又没有与存量核算相联系，只是表现为投入到教育培训、迁移和健康等方面的资本在人身上的凝结。

（三）人力资产（Human Asset）

人力资产指经济主体在一定时期内所拥有或控制的、能以货币计量并能为该主体带来未来经济利益的人力资源，当运用于核算范畴时，与"人力资本"科目相对应。人力资产是对人力资源的投资资本化而形成的，即人力资产是企业招聘、挑选、录用、培训以及开发所花费的成本按照资产衡量标准确认的企业资产。人力资产是一种人力资源，它蕴藏着可能的未来收益，具有未来的服务潜力或获利能力，是企业的特殊资产。由于人力资产的定义和特征与无形资产是相吻合的，所以人力资产应属于无形资产。人力资产具有一般资产的特征，即人力资产是能为企业带来经济利益的资源，强调了企业的拥有或控制权，是可以用货币计量的，具有时效性。除此之外，人力资产还具有以下特征：首先，人力资产不具备实物形态;其次,人力资产能带来未来经济效益;再次,人力资产的收益期通常是一个会计期间以上;最后,人力资产所提供的经济效益具有极大的不确定性。

（四）人才资本（Talent Capital）

人才资本是知识经济时代出现的资本形态,是指通过有意识、长时间、高成本的投资而形成的,凝结于人体之中并能够带来创造性成果和巨大贡献,以健康、知识、技能等因素所体现的价值。人才资本、人力资本都是一个历史的范畴,即它们都不是"自然地存在",都有一个投资与开发的过程,但是人才资本在形成方面更具有其自身的特征,这主要表现在人才资本形成的时代性、人才资本投资的长期性和人才资本开发的持续性等三个方面。与人力资本和物质资本比较,人才资本存在的特征主要体现在人才资本存在的时效性、稀缺性和异质性三个方面,人才资本的使用特征主要表现在人才资本使用的专用性、生产力形态的递增性和成果的创造性。

人才资本并不是一个独立的理论体系,应该是人力资本理论在知识经济时代的延伸和拓展,人才资本概念是在人力资本概念的基础上生发出来的。人才资本与人力资本同样对经济起生产性作用,人才资本与人力资本一样需要通过投资才能形成。人才资本需要通过人力资本投资的积累并达到一定阈值时,才能在其显形资本的基础上不再依赖教育投资,可通过自学自研而不断形成并逐步增值其隐形资本,最终形成人才资本,是高品级的人力资本。在人才资本与人力资本的区别方面,学术界主要是从概念的外延、概念的内涵和价值形态等方面进行分析。人才资本和人力资本在起点资本上存在着差异。"人才资本"理论揭示了人力投资达到一定的阈值时——人力成为人才时,人才资本会增殖的规律。人才资本的起点资本——阈值是依社会不断进步而增加的，而人力资本不存在阈值的概念，其起点资本为零。人才资本和人力资本在资本收益上存在着差异，主要表现在：时效性差异、社会性差异、增长幅度差异等方面。

（五）知识资本（Knowledge Capital）

知识资本这一概念最早是由美国加尔布雷斯（J. K. Galbrainth）提出的，他认为知识资本是一种知识性的活动，是一种动态的资本。美国斯图尔特（Thomas A. Stewart）认为，"员工的技能和知识、顾客忠诚以及公司的组织文化、制度和运作中所隐含的集体知识都体现着知识资本"①。这是一种广义的知识资本，而狭义的知识资本指的是包括知识、经验、科学、技术、信息、思想等在内已经固化的、有经济价值的无形成果。多数情况下知识资本以书面的形式表现为已经形成的固有成果，这些成果被人学习和掌握之后，即变为新的人力资本的要素内容。

知识资本是知识经济时代组织赖以生存和发展的根本动力，知识经济时代，经济的增长更直接地取决于对知识资本的投资和知识资本的运作。根据知识的内在特性，可以将知识资本划分为显性知识和隐性知识两大类。所谓显性知识，是指可以通过正常的语言方式传播的知识。像以专利、科学发明和特殊技术等形式存在的知识，存在于书本、计算机数据库、CD - ROM 之中的知识。所谓隐性知识往往是个人或组织经过长期积累而拥有的知识，通常不易用言语表达，也不可能传播给别人或传播起来非常困难。知识之所以被称作资本，是因为知识具有资本的共同特征：一是知识是一种未被消耗掉的劳动，二是能够带来剩余价值。知识作为

---

① ［美］斯图尔特：《知识资本：如何成为美国最有价值的资产》，《财富》，1997年。

一种生产要素,具有资本的共同特征和功能,但也是具有与劳动力和财务资本截然不同的特点,如高度的增值性、长期受益性、与主体不可分割性、不可继承性和磨损折旧的无形性等。

（六）智力资本（Mental Capital）

智力资本概念是一个比知识资本弹性更大的概念,其定义在学术界也没有达成共识。有学者将智力资本作为人力资本的一个组成部分,是人力资本由知识经济时代发展到高层次的产物。另有学者认为智力资本＝人力资本＋关系资本＋结构资本,还有观点认为,智力资本是指企业所掌握的有效信息,它涵盖了时间、金钱、培训、数据资料、操作手册、规格、流程、政策等诸多方面。还有学者将加尔布雷斯与斯图尔特关于知识资本的论述翻译成智力资本。也有人认为智力资本既应包括人力资本,还应包括人力资本外化的东西,如制度、创意和创新、设计方案、技术专利、企业无形资产等。

知识经济是智力资源消耗型经济,它主要依赖于知识、智力的投入。智力资本是知识经济的基础。智力资本的提出正是人力资本理论深化和知识经济发展的结果。在舒尔茨的人力资本理论中,人力资本就包括了体力和智力两个主要方面,智力作为人力资本的重要组成内容,在西方已经逐渐被社会认可。知识经济使人们对知识和智力的认识发生了根本性的改变,知识和智力的概念更加清晰。人力资本理论解释了长期困扰着人们的经济增长之谜,提出了人力资本是经济增长的根本动力,而在人力资本理论中人的体力和智力一直是研究的重点,尤其是智力,更是作为财富的源泉。所以,在知识经济研究中,对知识的研究自然会引入智力的概念,而智力资本的提出正好解释了知识经济发展的动力问题。

上述概念都以人为本,以人的能力为核心,但各自的侧重点又不同:劳动力泛指人的劳动能力,强调人的质量特征,是人力资本的本质形态;人力资源强调人的自然属性和数量特征,与人口概念紧密相关;人力资产强调经济的可控制性、可核算性和货币计量性,大多情况下侧重于核算范畴;人才资本概念是在人力资本概念的基础上生发出来的,人才资本需要通过人力资本投资积累并达到一定阈值时,才能在其显形资本的基础上逐步增值其隐形资本,最终形成人才资本,是高品级的人力资本。知识资本强调无形性、固定性与成果性,而人力资本则强调价值增殖性或获利性以及收益回报性。由此可见,劳动力是人力资本、人力资源和人力资产的本质,其中劳动力是人力资本的内核和本质形态,而人力资本是劳动力的特殊质态形式,是经过后天投入而具备更高质量内涵的高级劳动力;人力资源是人力资本的原始形态,是人力资本形成的自然基础;人力资产则是当人力资本处于生产和运用过程中时表现出来的可以计量的价值,在核算中表现为与人力资本相对应的资产形式;而知识资本既是人力资本的固化形式,也是人力资本的要素内容;至于智力资本一般讲则应包括人力资本。

第二节　中国运动员人力资本

一、中国运动员职业分析

"职业"一词在中国《汉语大词典》中解释为:个人在社会中所从事的作为主要生活来源的工作。《中华人民共和国职业分类大典》(1999 年版)将职业定义为:从业人员为获取主要生活来源所从事的社会工作类别。从哲学的角度讲,属性是对一个事物本质特征的概括和描述,是对一个事物进行分类的前提。职业的根本属性是一种社会活动,是一种劳动生产活动。职业活动是随着经济社会的发展以及技术的进步,社会生产力发展水平不断提高,社会分工不断细化和专业化而产生的,是现代文明的产物,同时职业活动对社会发展、个人发展又都具有重要的促进作用。职业活动具有社会性、稳定性、长期性、专门的技术性和经济回报性等特征。

中国《现代汉语词典》对"运动员"的定义为:参加体育运动竞赛的人。这是从通用的运动员活动的内容及训练和比赛的角度来定义运动员的。田麦久教授主编的体育院校通用教材《运动训练学》给出的运动员的定义是:指经常从事体育锻炼、运动训练和运动竞赛,有一定运动能力和技术水平的人员。[①] 1992 年为配合《劳动法》的实施,劳动部专门下发《关于界定文艺工作者、运动员、艺徒概念的通知》对运动员的概念进行了界定,"运动员,系指专门从事某项体育运动训练和参加比赛的人员"[②]。这个文件标志着中国在政策法规层面上第一次将运动员作为一种职业身份正式予以确认。

运动员活动属于一种职业,主要是运动员活动具备了职业活动的基本特征。从职业的社会学角度看,运动员职业是随着社会的发展,社会分工日益细化和专业化背景下产生的,是社会分工的产物,因此具有社会性。运动员的竞技水平要达到一定的高度必须要经历多年甚至数十年的连续不断的专业训练,其活动方式具有一定的长期性。在运动员多年的生活中,其主要活动就是从事运动训练和体育竞赛,活动内容保持了相对的稳定性。运动员是专门从事某个项目运动训练和竞赛的从业人员,每个运动项目都有专门的技术动作、技术要求、技术规范,运动员必须通过专门的

---

① 田麦久:《运动训练学》,人民体育出版社,2000 年。
② 劳动部:《关于界定文艺工作者、运动员、艺徒概念的通知》,劳力字〔1992〕25号。

训练才能习得和掌握,由此可见,运动员活动具有专门的技术性。运动员通过多年艰苦的训练不断提高自己的竞技水平,通过参加比赛以获得较好的运动成绩为目标,参加运动训练和体育竞赛是运动员最基本的、唯一的劳动形式,也是运动员获得相应的劳动报酬作为生活来源的主要方式,因此运动员活动具有经济回报性特征。通过以上分析,可见运动员活动完全具备职业活动的社会性、稳定性、长期性、专门的技术性和经济回报性等特征,运动员活动属于职业活动范畴,运动员可以作为一种职业。1999 年由中国劳动与社会保障部、国家质量技术监督局、国家统计局会同国务院相关行业主管部门等 40 个单位联合制定并正式颁布出版的《中华人民共和国职业分类大典》8 个大类的社会职业中,将运动员职业归属到专业技术人员大类中的体育工作人员,与教练员、裁判员、其他体育工作人员并列为一种职业类别。(见表 2-1)

表 2-1　中国运动员职业分类表

类　别	大　类	中　类	小　类	细　类
职业划分	专业技术 人员	体育工作 人员	体育工作 人员	教练员 裁判员 运动员 其他体育工作人员

运动员作为一种职业,必然具有社会属性和经济属性。根据中国职业分类大典中的分类方法,运动员职业的社会属性可归纳为在社会生活中利用专业技术工作的从业人员。而运动员的经济属性则正是本研究的一个主题,因为凝聚在运动员身上的健康、知识、运动技能、参赛能力、社会声誉等因素的价值存量将被认定为一种人力资本,既然是资本,必然就有经济属性,而且这种人力资本能够为运动员带来一定的收益。

从中国运动员历史和现实的情况分析,中国运动员职业群体包括专业运动员和职业运动员。专业运动员是由国家培养,以政府管理为主的隶属于各省、市、区体育管理部门或体育事业单位以及军队、各行业协会的运动员。钟秉枢教授将中国专业运动员界定为:中国计划经济体制下由国家和地方政府设立的专业体育工作队培养的肩负着在国际竞赛中为国家争得荣誉,并以技术上的成就推动和影响群众体育开展双重任务的运动员①。职业运动员是以市场投资培养、社会组织管理为主的专门从事体育竞赛及表演,从中获取报酬,并以此作为生活来源的自由职业者。除了上述两类运动员外,中国还存在着学生运动员的类别,包括各级竞技体校、体育院校运动系和武术系以及业余体校的普通中小学学生等。这些人具有学生和运动员的双重身份,也常年从事高强度、大负荷的训练和比赛,但却不享受国家职工的待遇,没有训练津贴和补助,这些运动员所从事的训练和比赛不属于职业活动的范畴。

二、中国运动员"劳动"及其"劳动产品"的属性分析

既然运动员从事的训练和竞赛活动属于职业的范畴,运动员职业身份的确认也体现了社会对运动员劳动成果和劳动能力的承认,因此运动员的训练和竞赛活动本质上也是一种劳动。马克思劳动和劳动价值论认为劳动是人类有目的的活动,是人类社会特有的范畴。市场经济条件下,劳动的内涵进一步扩大,不仅生产物质产品的活动是劳动,而且生产精神产品和劳务产品的活动也是劳动。劳动具有生产性和非生产性,凡是能够创造价值并带来剩余价值的劳动就是生产劳动,否则就是非生产劳动。何炼成教授在《社会主义劳动新论》一书中认为:关于教、科、文、卫、体部门劳

---

① 钟秉枢:《社会转型期我国竞技体育后备人才培养及其可持续发展》,北京体育大学出版社,2003年。

动的性质,由于这些部门从业者的劳动能够提供某种知识产品和文化产品,来满足人们的精神和文化需要,因而也可以进入市场,形成价值以至带来一定的剩余价值,因此属于生产劳动①。运动员的劳动是其运动竞技水平、比赛成绩及产生的社会影响力等综合因素的集中表现形式。运动员在比赛中通过劳动为人们提供极具观赏价值的体育比赛、体育表演,并生产出满足人们精神文化生活需要的具有使用价值的精神产品,供人们观赏和消费,运动员的运动行为作为其谋求生存资本的劳动具有商品的价值,而且在进入市场后能给运动员自身、比赛主办、承办者以及其他行业部门带来剩余价值。由此可见,运动员在比赛当中的竞赛表演劳动,是典型的提供非实物形态服务产品的生产活动,其生产的供人们观赏和消费的精神产品,进入了市场,也进行了资本交换,因此属于生产劳动的范畴。而运动员从事的日常训练活动,是为提高其运动技能进行的专业性培训与投资,是为满足自身需要而进行的劳动,劳动过程不产生剩余价值,产品也没有进入市场和其他资本相交换,因此属于非生产劳动的范畴。

中国国家统计局 1985 年《关于建立服务业统计的报告》把中国的第三产业划分为 4 个层次(见表 2-2)。同年中国国务院颁发了《国民生产总值计算方案》,该方案首次把体育事业列入服务业的第三层次,即"为提高科学文化水平和居民素质服务的部门"。1992 年中国国家统计局产业分类标准和国务院《关于加快发展服务业的决定》中再次确认了这一提法,因此体育事业属于服务部门的属性是明晰的。

---

① 何炼成:《社会主义劳动新论》,科学出版社,2005 年,第 269 – 277 页。

表 2-2　中国第三产业 4 个层次分类

层次	部门	行业类别
一	流通部门	交通运输业、邮电通讯业、商业、饮食业、物资供销和仓储业
二	为生产和生活服务的部门	金融业、保险业、地质普查业、房地产业、公用事业、居民服务业、旅游业、咨询信息服务业、各类技术服务业
三	为提高科学文化水平和居民素质服务的部门	教育、文化和广播电视事业、科学研究事业、卫生、体育和社会福利事业
四	为社会公共需要服务的部门	国家机关、党政机关、社会团体、军队警察

　　依据表 2-2 的分类,在中国体育事业属于第三产业第三层次,是以服务为主要特征的行业,而运动员劳动所产生的体育产品实质上是竞技体育服务产品。一般来讲产品包括自然产品和劳动产品,经济学意义上的产品通常指劳动产品。按第三产业经济学原理,只要它能消除相对稀缺,满足人的需要,达到了人类从事劳动的目的,就被承认为产品。社会实践表明,人类劳动产生两大类成果,一类是实物形式的劳动成果,另一类是非实物形式的劳动成果。相应地社会产品由有形的可以触摸的实物产品和无形的不可触摸的非实物产品组成,二者都是以满足社会生产和人们生活的需要为目的。① 现代体育活动是综合性的社会、经济、文化活动,它能够满足人们诸多方面的需求。运动员的劳动方式是运动训练和竞赛,其生产活动的成果是非实物形式的劳动成果,运动员生产的产品是竞技体育服务产品,产品的生产过程和产品属性与其他产品有着明显的区别,而这种区别也正是由运动员在产品生产过

---

　　① 　张保华:《现代体育经济学》,中山大学出版社,2004 年,第 81 - 83 页。

程中所需要的特殊劳动技能所决定的。

三、运动员人力资本

(一) 运动员人力资本概念与内涵

根据前面的论述,在产业划分方面,中国体育事业在政策法规层面上被列为服务业的第三层次部门,即隶属于为提高科学文化水平和居民素质服务的部门。在职业属性方面,中国运动员所从事的运动训练和竞赛属于职业活动范畴。运动员以参与运动训练和比赛为职业活动方式,通过其特殊形式的劳动为人们生产出非实物形式的、极具观赏价值的精神产品——竞技体育服务产品,这种服务产品有着广泛的社会需求和社会存在,它为社会提供了一种其他文化形式或实践活动无法替代的体育产品,满足了人们的精神文化生活需要,运动员也以此向国家、社会团体获取劳动报酬,作为其主要的生活来源。运动员是竞技体育活动的基本要素,是竞技体育以为国争光为核心的精神价值、以市场为依托的经济价值和以技术表现为载体的审美价值的创造者,是竞技体育产业最重要的生产力。① 在中国市场经济条件下,运动员不仅是运动场上的主角,而且成为整个职业体育运动的核心,体育产业和体育市场的经济活动都围绕运动员这个核心来进行。

运动员之所以能够成为一种职业,是因为其拥有能够生产出劳动产品的特殊的劳动能力,即运动员经过长期艰苦训练获得的运动技能,而运动员也正是依靠自己所拥有的这种技能作为谋生手段,获取必要的生活资料。人力资本理论是研究社会经济运行中人的自身价值,探索人力资本的形成、投资与收益等相关问题的理论。现代社会人力资本是经济的第一生产要素,无论什么样的

---

① 刘平,张贵敏:《论我国运动员人力资本研究的当代价值》,《沈阳体育学院学报》,2007 年第 1 期。

社会和经济形态,以劳动能力为核心的人力资本都是决定个人、组织乃至整个民族存在与发展的关键因素。所谓人力资本是指特定行为主体通过对人的投资形成的凝聚在人身上并能带来未来收益的知识、技能、能力、健康、声誉等因素的价值存量。依据人力资本理论,凝聚在运动员身体上的专业体育技能是通过对人的体育天赋进行投资培训而形成的,同时这种技能使投资者能够得到一定的收益回报。因此,运动员的专业体育技能才能称为"资本",而且是一种资本存量,可以成为运动员现在、未来产出和收入增长的一个源泉。

中国一些学者根据运动员从业的特点,在人力资本概念的基础上,从不同的角度对运动员人力资本进行了定义。如从人力和资本两方面将运动员人力资本定义为在整个运动生涯和全部生活区间上能够带来现期和未来收益的存在于人自身的知识、技能和体能的投入存量。① 也有学者把运动员人力资本称作职业体育人力资本,即指职业体育运动员拥有的知识、体力、技能、智慧、胆识、声誉等一切具有经济价值的职业体育资源的总称。② 还有从产权的角度来界定运动员人力资本,即指产权主体(运动员)为实现效用最大化,通过有意识的投资活动而获得的,凝结在运动员身上的竞技能力(知识、技能、体能)、非智力性因素和社会活动力(道德、信誉和社会关系)的总和。③ 从以上几个运动员人力资本概念的描述不难看出,运动员人力资本包含以下几个方面:一是运动员的

① 何世权:《论我国运动员人力资本的形成和特征》,《北京体育大学学报》,2004年第8期。
② 杨年松:《职业体育人力资本所有权性质特点与政策建议》,《体育学刊》,2005年第1期。
③ 董伦红:《论竞技运动员人力资本与产权价值》,《武汉体育学院学报》,2007年第10期。

知识、技能、声誉等价值因素是通过投资获得的;二是运动员是知识与技能等价值存量的自然载体;三是知识、技能、体能、声誉等投入存量是运动员所拥有的资源;四是投资具有现期和预期的收益性。

基于以上分析,本研究认为运动员人力资本是指特定行为主体通过对运动员的体育天赋进行投资,形成的凝聚在运动员身上并能带来未来收益的健康、技能、知识、心理、声誉等因素的价值存量。简单地说,运动员人力资本就是指通过对人的体育天赋进行投资培训而形成的专项体育技能,属于技能型人力资本范畴。运动员人力资本主要内涵是凝结在运动员身上具有经济价值的生产能力,其本质是运动员从事体育生产活动的劳动能力,由运动员劳动力转化而来,直接表现形式是运动员在比赛中的竞技能力,其内涵关系如图 2-3 所示。

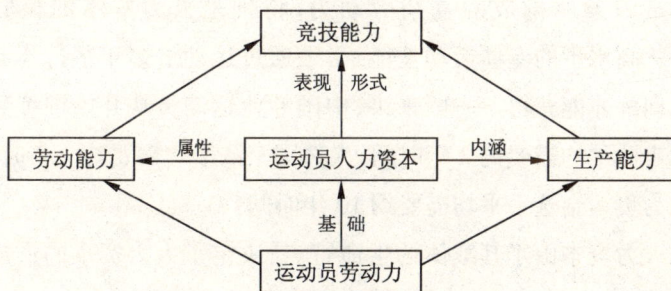

图2-3　运动员人力资本内涵结构

（二）运动员人力资本特征

相对于一般性生产劳动,运动员生产劳动能力具有特殊性。运动训练是一个专门组织的职业教育过程,运动训练过程更注重运动员运动技能的培养与提高,运动员在接受职业教育的同时也在生产着竞技体育产品,在比赛当中运动员生产产品的过程与观众消费产品的过程同步进行。正是由于运动员这种特殊的劳动、生产活动过程,以及其独特的职业特点,决定了运动员人力资本特殊的一面。运动员人力资本除了具备人力资本的一般性特征外,与其他领域的人力资本具有很大的差异。构成运动员人力资本核心内容的体能、技能、知识、经验、心理等质量因素凝聚于人体之中,不可脱离其承载者而独立存在,因此人身依附性同样是运动员人力资本最本质的特征。除了人身依附性之外,运动员人力资本主要还有以下几个特征。

1. 形成的长期性和使用的时效性

人力资本的形成过程是人的复杂劳动力的生长过程,从简单劳动到形成复杂劳动是一个长期不断积累的过程,相对于物质资本而言人力资本的形成从动态角度看可能需要几年、十几年甚至几十年的时间。运动员人力资本是由不同层次的知识、体能、技能等质量因素所构成的复杂劳动力,特别是人力资本的核心要素——高水平的专项运动技能,必须通过运动员多年坚持不断地反复训练才能获得。一般来讲,中国专业运动员从开始训练到进入省市队平均需要约 3 年时间,入选国家队平均需要约 7 年时间,而成为奥运会选手平均需要约 10 年时间。[①]

人力资本由于其载体的生命特点,决定了人力资本的形成和使用具有一定时限。一般性人力资本伴随劳动者终身,一直在发挥作用,而运动员的人力资本使用却存在严格的时间规定性。体育是高强度的体力和脑力劳动,对运动员的健康状况、体能储备、生理、心理等素质要求非常高,运动员只有处于人生的一定阶段,才能满足这种特殊要求。依据运动训练学理论,运动员只有在"最

---

① 田麦久:《运动训练学》,人民体育出版社,2000 年。

佳竞技阶段"和"竞技保持阶段"才能发挥出整个运动生涯最高水平的专项竞技能力,而这一时间段大约能维持 6 ~ 13 年。① 所以运动员人力资本受生命机体的支撑程度所限,其人力资本效用的最大化必须处在运动员职业生涯的黄金时间段,与一般性人力资本相比,十分短暂,在使用方面具有较强的时效性。

2. 极强的专用性和稀缺性

任何一种人力资本知识、技能和体能都具有范围局限性,受生命周期和能力的局限,一个人不可能在有生之年掌握所有的专业领域的知识和技能。由于运动员职业总是专业性的,运动员只能在一定时间里,在特定的专业领域掌握和发展某一个或几个方向的专业知识、技能和体能。运动员在自己的专项领域进行了多年的持久投资,其人力资本资产专用性程度较高,如果他们离开体育职业进入其他领域,其职业转换成本相当高。按照人力资本发挥作用范围的不同,通常将人力资本分为通用性人力资本和专用性人力资本,每个人拥有的人力资本基本都是二者的结合,只是结合的程度不同。运动员人力资本就具有极强的专用性,甚至可以说是纯粹的专用性,因为其人力资本存量的可用性只局限在体育部门内或局限在某个项目上,因此这是一种高级专用性人力资本。运动员一旦退役,其自身原有的人力资本到其他职业领域几乎派不上用场,即出现所谓的人力资本失灵,不能再给其所有者带来收益。

一般来讲,资本存量水平越高的人力资本,其稀缺性也就越大,运动员人力资本极强的专用性必然导致这种资本的稀缺性。运动员所具备的高水平的专项竞技能力是经过长期反复练习形成

① 田麦久:《论运动训练过程》,四川体育出版社,1988 年。

的一种连锁的、复杂的、本体感受性的条件反射,只有在一定场所和特定时刻其体能、生理、心理、心智等要素达到高度协调一致时,运动员才能发挥出最高的竞技水平,并且这种高水平的竞技能力是别人在短时间内无法模仿和轻易获得的。运动员特别是处于竞技体育"金字塔"顶端的优秀运动员人力资本,由于其投资大、形成周期长、获得途径少、先天资质和后天努力的要求高、形成过程中面临的不确定因素多,加之竞技体育极高的竞争性导致了高品级的运动员人力资本获取相当困难。因此,与一般性人力资本相比其稀缺性是显而易见的,特别是在一定的时期这种高品级的运动员人力资本更是极端稀缺。

3. 生产的特殊性和异质性

人力资本的生产性是人力资本最基本的性质,人力资本是任何生产过程中必不可少的生产要素。运动员是社会结构中的一种特殊职业,运动员的劳动方式是运动训练和竞赛。运动员通过其特殊的劳动方式生产出的非实物形式的精神产品——竞技体育服务产品,供人们观赏和消费,满足人们精神文化生活的需要,并以此作为实现自己价值的途径,而且运动员的生产过程和观众的消费过程是同时进行的。运动员在生产中所需要的特殊技能——专项运动技能,决定了其生产活动和生产过程不同于一般性生产,具有特殊性。

根据人力资本的生产力形态及质态性差异,人力资本有异质性人力资本和同质性人力资本两种形态,前者是指在特定历史阶段中具有边际报酬递增生产力形态的人力资本,后者是指在特定历史阶段中具有边际报酬递减生产力形态的人力资本。人力资本的载体是具有主观能动性的人,不同层次的人力资本是有差异的,而同一层次的人力资本由于其载体也存在着较大的个体差异也表现出一定的差异。运动员人力资本属于技能型人力资本,在运动员开始从事基础训练一直到其竞技能力达到巅峰状态的这一阶段,除去运动员因意外重大伤害事故退役外,一般情况下运动员人力资本边际报酬均呈现出递增状态。运动员各自从事的运动项目,具有不同的运动形式,运动员竞技能力的构成要素差别较大,这些个体差异、项目差别以及竞技能力等差别使得运动员人力资本具备典型的异质性特征。

4. 价值的不稳定性和度量标准的单一性

人力资本的存量、增量及其构成要素的价值都处于不断的变化之中,其经济价值受各方面因素的影响具有很大的不稳定性,它可以在短期内迅速升值,为其所有者带来巨大的收益;也可以迅速贬值甚至瞬时变得荡然无存,即出现人力资本失灵现象。由于缺乏准确的价值传递信号,人力资本价值就成为其载体的私人信息,而现实社会中信息的不对称也给人力资本的价值度量带来了很大的不确定性。运动员人力资本投资主体的多元性、投资客体的异质性、核心要素竞技能力的不稳定性、意外的伤害等风险因素的不可预知,以及形成过程中个人的主观努力程度和客观条件的限制等不确定性因素,决定了运动员人力资本价值的不稳定性,其价值随着运动员职业年龄、训练年限、竞技水平、知名度与社会影响力的变化而处于波动之中。

运动员人力资本及其价值凝聚于复杂的人体之中,具有很强的不可视性,特别是其价值在从业过程中处于不断的变化和波动之中,更是很难找到适当的价值单位来进行同步衡量和控制。尽管目前对人力资本价值计量的研究已进入到理论建模和量化分析的阶段,但是至今尚未找到令人信服的精确计算投资收益的方法。运动员特殊的生产活动及其产品的特殊属性,使运动员人力资本价值计量的难度进一步加大,至于运动员通过竞技体育活动给社会带来的影响和收益更是难以评价和估量的。在竞技体育领域,所有的运动员参加比赛都力求创造理想的运动成绩,运动成绩是运动员参加比赛的结果,是运动员竞技水平和比赛胜负或名次的最终体现。运动员人力资本价值的度量方法主要以运动成绩为尺度,并且运动成绩的等级和数量是目前衡量运动员人力资本价值和决定收益分配的唯一尺度和依据。人们在衡量一个运动员时就看他(她)参加了什么级别的比赛,以及在比赛中的名次和成绩如何。

(二) 运动员人力资本的构成

人力资本是其内生因素——劳动力与外生因素——投资的有机统一体,人的劳动能力——劳动力是人力资本的核心和根源。[①]人力资本是对人的一种"开发性投资",是人们在教育、医疗、保健、迁移、劳动技能等方面的资源投入和费用支出。人力资本的价值存量因素不仅仅是知识、技能和体力,还包括人的能动性、人的声誉和社会影响力等。在其他条件相同的情况下,主观努力程度高、社会声誉更好的人,其人力资本收益会更高。因此,人力资本的构成要素不仅包括知识、技能和体力等这些效率性人力资本,还包括动力性人力资本以及交易性人力资本。所谓效率性人力资本,是指完成一项生产活动所必需的知识、技能、体力及心理素质,它回答的是对解决一个问题或事情能与否的问题;动力性人力资本是指影响劳动者能动性发挥程度的因素,包括需要、兴趣、动机、情感、意志和性格等非智力因素,它回答的是"是否有积极性"的问题;交易性人力资本是指个人的道德因素、声誉和社会交易资本

---

① 冯子标:《人力资本运营论》,经济科学出版社,2000 年,第 57 - 60 页。

等影响人力资本未来收益的因素,它回答的是经济社会相互交往的"交易效率"问题。上述三种人力资本中,动力性人力资本是一个矢量,当对完成一项工作起积极作用时为正,起破坏作用时为负,效率性人力资本和交易性人力资本为标量。由此可见,人力资本的价值量是上述三种形式人力资本综合作用的结果,仅仅看到其中一种形式人力资本的价值而忽视另外两种形式人力资本的价值作用的看法是偏颇的。①

运动员人力资本的形成,是运动员所具有的能够带来现期和未来收益的存在于人自身的知识、技能和体能的投入存量的投资过程,是在载体(人身)上"凝聚"知识和技能的过程,是具有特定运行规律和实现机制的系统工程。② 运动员人力资本的形成、交易活动及价值实现等过程都处于社会经济生活之中,运动员的训练和竞赛活动也在特定的社会环境中进行,必然受到特定的生产方式及各种社会条件的制约和影响。因此,运动员人力资本也是效率性人力资本、动力性人力资本、交易性人力资本的复合体,而其价值也是上述三种形式人力资本各构成要素健康、知识、技能、兴趣、动机、情感、道德、声誉等价值的综合体现。运动员人力资本属于专业技能型人力资本,运动员职业的特点决定了构成运动员人力资本的核心要素是其专项竞技能力。运动员专项竞技能力又由具有不同表现形式和不同作用的体能、技能、战术能力、运动智能以及心理能力所构成,并综合地表现于专项竞技的过程之中,而运动员所具备的专项运动技能又是其竞技能力的核心要素。运动员人力资本各要素构成如图2-4所示。

---

① 肖兴政,彭礼坤:《人力资本论》,西南交通大学出版社,2006年,第6-8页。
② 何世权:《论中国运动员人力资本的形成和特征》,《北京体育大学学报》,2004年第8期。

```
                        ┌──────────────────┐
                        │   运动员人力资本   │
                        └──────────────────┘
            ┌──────────────────┼──────────────────┐
            ▼                  ▼                  ▼
    ┌──────────────┐    ┌──────────────┐    ┌──────────────┐
    │  效率性人力资本 │    │  动力性人力资本 │    │  交易性人力资本 │
    └──────────────┘    └──────────────┘    └──────────────┘
            │                  │                  │
            ▼                  ▼                  ▼
```

| 健康、知识、竞技能力（体能、技能、战术能力、运动智能、心理）、生活能力、社交能力、其他能力等 | 需要、兴趣、动机、情感、意志、性格等非智力因素 | 道德、声誉、社会影响力、社会交易资本、其他无形资产等 |

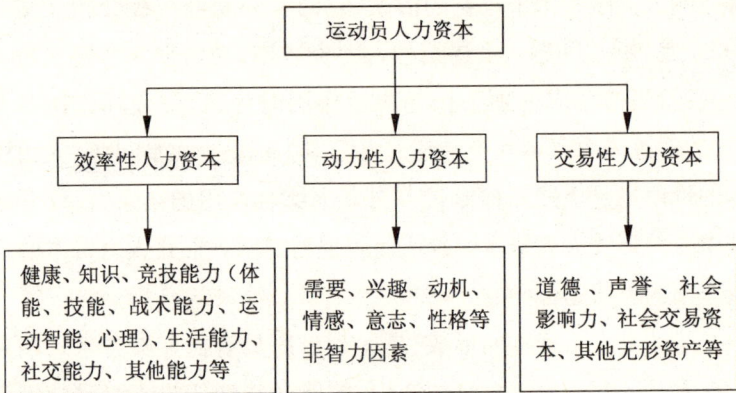

图2-4　运动员人力资本结构

四、中国运动员人力资本的特殊界定

竞技体育是中国体育事业最为活跃、最具魅力、最具代表性的组成部分。中国竞技体育在举国体制的支撑与保障下，在短短20多年的时间内迅速崛起，跻身奥运三强，2008年北京第29届奥运会上取得的辉煌成就更是令全世界瞩目。计划经济时期中国竞技体育实行专业体育体制，这种体制下中国运动员以创造优异运动成绩、为国争光为目标，按照福利事业的框架和模式，由国家包办体育并采用行政方式运作。为保证这种体制的正常运行，中国对运动员的成长和退役后的就业给予全面的保障，特别是拥有高品级人力资本的运动员不仅可以获得较高的工资收入，并且退役后也可以获得较好的工作岗位，但这是在中国特定的历史时期运动员凭借其竞技能力资本与国家资源进行的一种非竞争性交换，这与当时中国社会的政治、经济及社会发展环境相适应。在当时的计划经济时期，"资本"一词很少被人们所接受，而在由政府高度集权管理的竞技体育领域，专业运动员的培养和管理全部由政府包办，运动员的竞技能力不可能被看做是资本，自然也不存在"运

动员人力资本"的提法。

当前中国正处在由原计划经济向社会主义市场经济转变的重要时期,中国共产党的十四大确定社会主义市场经济作为中国经济体制改革的目标模式。《中华人民共和国国民经济和社会发展第十个五年计划纲要》和国家体育总局印发的《2001—2010 年体育改革与发展纲要》中指明:中国体育发展的方向是走与市场经济体制相适应的可持续发展道路。在这样的社会政治、经济背景下,中国的政治、经济体制改革不断深入,改革边际逐渐扩大,市场经济竞争性的要素不断向竞技体育领域渗透,运动员群体的保障和再就业等问题也逐渐转移到竞争性的市场经济中,运动员竞技能力资本作为其参与市场交换的核心资本也逐渐凸现出市场价值,经济界和体育界一些专家学者也开始对运动员人力资本展开研究。

现阶段中国运动员职业群体包括专业运动员和职业运动员,除此之外,中国还存在业余运动员和学生运动员群体,这些人具有学生和运动员的双重身份,但不属于社会职业的范畴。本研究主要针对中国运动员职业群体的人力资本进行研究,特别是对人数占绝大多数的专业运动员人力资本的研究,在当前市场经济体制下对于继续保持和发展中国竞技体育的核心竞争力具有重要的意义。在研究中国运动员人力资本的相关问题时,一是要注意到中国运动员人力资本特殊的形成机制;二是要结合中国社会转型期不完全市场经济的运行特点,分析中国运动员人力资本的投资与收益分配等问题;三是在探讨中国运动员人力资本产权及产权制度时,不能脱离中国社会主义公有制基础地位,更不能忽视国家对运动员的巨大投入,要和国外产权边界明晰的运动员人力资本区别开来。

本 章 小 结

本部分研究以人力资本—运动员职业及其劳动—运动员人力资本—中国运动员人力资本为逻辑主线,在全面分析现代人力资本的概念、内涵与外延、性质与特征、价值与分类等相关理论知识的基础上,通过对运动员职业属性和劳动属性的深入剖析,研究了运动员人力资本的本质和内涵,并进一步分析了运动员人力资本的独特特征和构成要素。研究认为:运动员人力资本是指特定行为主体通过对运动员的体育天赋进行投资,形成的凝聚在运动员身上并能带来未来收益的健康、技能、知识、心理、声誉等因素的价值存量。简单地说,运动员人力资本就是指通过对人的体育天赋进行投资培训而形成的专项体育技能,属于技能型人力资本范畴。运动员人力资本主要内涵是凝结在运动员身上具有经济价值的生产能力,其本质是运动员从事体育生产活动的劳动能力,由运动员劳动力转化而来,直接表现形式是运动员在比赛中的竞技能力。人身依附性是运动员人力资本最本质的特征,此外运动员人力资本具有形成的长期性和使用的时效性、极强的专用性和稀缺性、生产的特殊性和异质性、价值的不稳定性和度量标准的单一性等主要特征。最后对中国运动员人力资本的特殊性进行了简要的分析,为后续研究奠定了基础。

第三章

中国运动员人力资本投资

第一节 中国竞技体育管理体制的形成与变迁

新中国成立后,中国体育事业是在计划经济体制下,按照福利事业的框架和模式运行的,由国家包办并采取行政运作的方式逐步建立起了中国的体育管理体制。中国于 1954 年成立了国家体育运动委员会,1957 年完成了从中央到地方层层衔接的体育行政机构的建立。在这种高度集权的管理体制中政府管理机构处于主导地位,而其他体育事业单位则要接受这些国家机关的领导,成为政府部门的附属物,从而造成事业单位与行政单位的一体化,使得社会力量难以介入。中国在这种体制中扮演"全能型政府"的角色,凡是涉及体育的所有事务均由政府出面解决,政府集所有者、管理者、经营者等多种角色于一身,扩大并泛化了政府的体育管理职能,其基本特征是:国家包办、政府部门分管、统管、财政统包供给,体育事业发展和运行直接受制于政府部门,各事业单位既无自主权也没有实质性责任。① 这种体制在短期内具有迅速动员有限资源、集中力量办大事的功能,能够迅速提高竞技体育水平,并较好地为政治服务,即后来人们所说的竞技体育"举国体制"。中国

① 李艳翎:《经济体制转轨时期中国竞技体育运行的研究》,北京体育大学博士学位论文,2000 年,第 39 - 42 页。

竞技体育举国体制形成于特定的历史时期,与国家当时的政治背景、社会状况、经济条件相适应,并使中国基础薄弱的竞技体育在较短的时间内得到了迅速的发展。

改革开放之后,中国顺应国际竞技体育的发展形势,积极主动地调整竞技体育政策,在新的历史条件下不断赋予举国体制新内容、新内涵。1986 年原国家体委发布的《关于体育体制改革的决定(草案)》,要求对体育管理体制、训练体制、竞赛体制等方面进行全面改革,并确定了以发展竞技体育为先导,带动体育事业全面发展的战略。这个时期中国竞技体育体制的改革是在"以计划经济为主以商品经济为辅的指令性和指导性计划有机结合的体制"的背景下进行的,改革的重点放在克服过分集中于国家办体育,特别是集中于体委系统一家办体育的弊端,逐步将竞技体育推向社会,鼓励其他系统、行业等社会利益集团办竞技体育,引入多元竞争机制,形成国家和社会相结合办体育的格局。整个 20 世纪 80年代,尽管中国在管办分离方面做了许多改革,但从整体上看,各类社会办体育的主体在管理方式和运行机制方面,仍在不同程度上沿用了政府办体育的模式。中华全国体育总会、中国奥委会和原国家体委"三块牌子,一套人马"的局面并没有根本性突破,体育总会或者奥委会仍然是总局对外体育交往中按需使用的一块牌子,自身职能没有得到切实的发挥。① 这些都表明,计划经济时期形成的政府办体育固有的体制和机制对社会办体育新体制的构建仍有相当大的制约作用。

党的十四大提出经济体制改革的目标后,1993 年原国家体委制定出台了《关于深化体育改革的意见》,确定了 20 世纪 90 年代

---

① 杨越:《市场经济体制下中国竞体育经济发展研究》,中国社会科学院博士学位论文,2003 年,第 67 - 72 页。

至 21 世纪初中国体育改革的目标与任务。之后中国进行了以体育管理体制和机制为核心,以运动项目改革为龙头,以体育的社会化和产业化为方向的一系列改革,改革的目标是建立适应社会主义市场经济体制下的体育管理体制和运行模式。经过几年的努力,中国竞技体育的管理体制发生了较大的变化,建立了运动项目管理中心,分别对体育运动项目实行集束式全面管理,初步形成了体育总局宏观管理,运动项目管理中心和单项协会实施专项管理的新的竞技体育管理体制。

伴随着当前竞技体育生存发展内外环境的客观变化,中国竞技体育举国体制更是发生了质的变化,在新体制下建立良性的适应社会主义市场经济要求的运行机制,是当前体育改革所面临的重要任务。《中华人民共和国国民经济和社会发展第十个五年计划纲要》和国家体育总局印发的《2001—2010 年体育改革与发展纲要》中指明:国家和国家体育发展的方向是走与市场经济体制相适应的可持续发展道路。随着中国市场经济体制改革的不断深入,以及与此相适应的体育体制改革和运行机制转换的不断推进,体育管理体制逐步向市场化、产业化、实体化、社会化方向发展。中国鼓励社会力量办优秀运动队或职业体育俱乐部,改变运动训练经费全部由国家包的做法,积极面向社会开放竞赛市场,鼓励社会各界承办各类体育赛事,逐步推行参赛许可证制度,极大地促进了竞技体育的市场化。

尽管中国体育事业管理体制改革取得了一定的成就,但在国家政治、经济体制改革的大形式之下,体育系统改革滞后性却是客观存在的。当前中国竞技体育举国体制主要存在以下问题,一是现有的竞技体育规模难以扩大,体育资源配置效率和效益呈现递减趋势,整体缺乏可持续发展动力。二是项目布局不合理,结构难以改善,优势项目与劣势项目发展失衡,社会关注度高的球类集体项目普遍滑坡,职业体育与非职业体育不能融合互补。三是组织管理构架不健全,系统内利益矛盾突出,整个系统的向心力、凝聚力下降。四是竞赛体制没有理顺,专业队体制面临严峻挑战,业余训练规模萎缩,质量下降。① 上述一系列问题存在的根本原因在于原有"举国体制"赖以存在的社会大环境发生了本质性变化,而现行的竞技体育管理体制及其运行机制已经不能适应社会经济的发展和要求。解决这些矛盾和问题的根本出路,在于与时俱进地推进中国体育体制的改革和运行机制的转换,主动地适应市场经济发展的新形式,保持中国竞技体育事业可持续发展。

总体来说,形成于计划经济时期的竞技体育举国体制在新中国成立后的 50 多年时间里,特别是改革开放 20 多年来,不仅迅速而有效地提升了中国竞技体育水平,同时竞技体育的发展对于中国不同历史时期的政治稳定、经济发展、精神文明建设、社会繁荣与和谐等方面起到了重要作用。据统计,改革开放以来中国运动员共获得世界冠军 2137 个,占建国以来总数的 99%;创造世界纪录 1001 次,占建国以来总数的 85%,这充分显示了中国竞技体育发展的整体水平和取得的巨大成就。② 特别是在 2008 年北京奥运会上中国体育健儿更是以金牌总数第一的骄人战绩创造了历史,取得了举世瞩目的辉煌成绩。中国体育健儿在历届夏季奥运会上获得奖牌情况见表 3-1。

---

① 李元伟,等:《关于进一步完善我国竞技体育举国体制的研究》,《中国体育科技》,2003 年第 8 期。

② 刘鹏:在 2008 年全国体育局长会议上的讲话,2008 年 1 月。

表 3-1　中国在历届夏季奥运会获得奖牌一览表

奥运会	举办地	金牌	银牌	铜牌	奖牌总数	金牌排名	奖牌排名
第 23 届	洛杉矶	15	8	9	32	4	6
第 24 届	汉　城	5	11	12	28	11	7
第 25 届	巴塞罗那	16	22	16	54	4	4
第 26 届	亚特兰大	16	22	12	50	4	4
第 27 届	悉　尼	28	16	15	59	3	3
第 28 届	雅　典	32	17	14	63	2	3
第 29 届	北　京	51	21	28	100	1	2

第二节　中国运动员培养体制及其途径变迁

　　竞技体育是一国体育事业的核心竞争力,而后备人才的培养是竞技体育发展的基础,是竞技体育中一个非常重要的环节,对竞技体育的发展和竞技水平的提高起着决定性的作用。新中国成立后,为了迅速提高中国体育运动技术水平,中华全国体育总会在 1952 年 2 月成立了"中央体训班",即现在国家体育总局训练局前身。同年 11 月,在解放军各大军区组建体工队的基础上,"八一"体工大队成立,在随后的几年里,各大行政区也相继成立了体训班,即后来的各省体工队的前身。体训班和体工队的任务就是为国家培养优秀运动员,迅速提高竞技体育运动水平,争取在国际比赛中获胜,为国家争夺荣誉。这些中央与地方体训班之间相互学习、相互竞争,有力地推动了中国竞技体育的发展,而体训班的成员也就是后来所称的优秀运动员队伍。① 在此之后随着中国国家体育运动委员会的成立和各级政府体育行政机构的建立,计划经济时期中国高度集权的体育管理体制逐步建立起来。在这种体制下政府的各级体委采取高度集中和封闭运行的方式进行竞技人才的选拔和训练,突出竞技运动的政治价值,并以强有力的行政干预方式建立起独立于教育系统的运动员培养"一条龙"体制。运动员的培养主要采取青少年业余训练与专业运动队相结合的方式,并经过数十年的发展形成了以青少年为主要对象,以发现、培养和训练运动人才为主要目的,以国家和省市优秀运动队为一线和中心环节的纵向层层衔接的三级运动员训练和培养体制,具有鲜明的中国特色。

长期以来,中国竞技体育后备人才的培养主要依靠金字塔式的"三级训练网",这是一种纯粹的竞技体育训练体制,是通过国家强制性制度的安排,运用行政手段人为地在教育系统以外形成了一个从事体育教育和文化教育的专业性系统。在"三级训练网"中,居于金字塔最底层的是少体校、普通业余体校、体育传统项目学校、基层代表队等,其主要任务是打好基础,扩大人才选拔的范围,建立运动员梯队的三级队伍;居于中间层次的是重点业余体校、体育中专、专项业余体校和竞技体校,其主要任务是提高运动技术水平,培养和向优秀运动队输送后备人才,建立运动员梯队的二线队伍;居于顶端的是省、市、自治区、解放军代表队和国家队,是集中了各省、市和全军运动员的精华,代表中国最高水平,是中国运动员梯队的一线队伍。据不完全统计,从1952年建立优秀运动队以来,中国共培养了大约200至300万名优秀运动员。目前,中国优秀运动员编制数大约为3万人,全国实有在编优秀运动员

---

① 钟秉枢:《成绩资本和地位获得——我国优秀运动员群体社会流动的研究》,北京体育大学出版社,1998年,第26–27页。

约 2.7 万人,其中在训优秀运动员 2.3 万人,待安置优秀运动员 0.4 万人。① 在计划经济体制下建立起的中国"三级训练网"竞技体育后备人才培养体制, 以其独特的资源整合优势,确保了中国竞技体育的超常规发展,为竞技体育的起步、发展与腾飞做出了巨大的贡献。图 3-1 是培养中国运动员的金字塔式三级训练网。

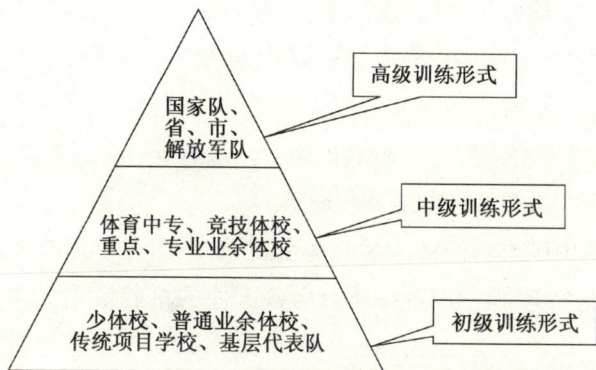

图 3-1　培养中国运动员的金字塔式三级训练网

在建国后的 30 年间,中国这种自下而上"金字塔"式的运动员培养和训练模式过分依赖国家投资,从制定总体发展规划到运动员的选拔、培养等全部由国家负责包办、包管,运动员的培养建立在一种高投入、低产出、高淘汰率的基础上。改革开放以来,随着中国社会的转型和经济的快速发展,中国体育事业不能继续按照传统的计划经济体制运行,竞技体育后备人才的传统培养体制也受到了冲击和挑战,改革力度不断加大,相继出台了一些措施,并进行一些局部性的制度创新试点。如压缩体工队和各级体校的数量,动员社会力量办运动队,普通学校试办竞技体育后备人才运动队,"体教结合"试小高水平运动队等,但是这些改革在很大程

① 国家体育总局人事司:《优秀运动员全国普查数据》,2006 年,2007 年。

度上只是一种局部的改革,尚没有彻底改变原来存在的一些深层次的带有根本性的问题。中国的运动员培养和训练的主体模式依然是一个由业余体校、专业体校、地方体工队、省队、国家队层层叠落的体系,几乎所有的奥运冠军,以及其他一些大型赛事的世界冠军,均出自于这个系统。据统计,从 2001 年至 2005 年,中国各级各类体校平均每年向优秀运动队输送 3000 余人,约占优秀运动队招生人数的 93%。在 2001 年至 2004 年奥运周期中,中国共获得 391 个世界冠军,其中 95% 的运动员来自于各级各类体校的培养和输送。2004 年第 28 届雅典奥运会上取得 32 枚金牌的 50 名运动员则全部来自体校的培养和输送。①

随着中国市场经济体制的初步建立,中国专业竞技体制也相应的发生变化,但中国竞技体育后备人才的培养模式仍然带着计划经济时代的特点,绝大部分还依赖于国家,是一种转轨时期的特殊模式,没有真正建立与市场经济结合的竞技体育后备人才培养模式和运行机制。现有的运动员培养体制存在着业余体校生源数量减少、培养质量降低,体育后备人才萎缩、分布不均衡、结构不合理以及成才率低等诸多问题,这严重影响了中国竞技体育后备人才的培养。据统计,中国竞技体育后备人才 1996 年总计为 308282 人,而到了 1999 年为 153508,减少了 154774 人,三年时间减少近 50%,而近十年竞技体育后备人才大面积缺乏的趋向更加明显。优秀运动员培养的重点在于强调要更多地利用和挖掘社会资源,改变以往单纯由政府作为投资主体的运动员培养方式。1992 年足球职业化俱乐部的试点,到篮球、排球、乒乓球等项目的俱乐部制的实行,各行业和高等院校兴办高水平运动队,以及竞赛招标制

---

① 邱晓德:《世界体育用品品牌十项指标分析与我国实施名牌战略的对策研究》,《成都体育学院学报》,2003 年第 1 期。

的实施等,有效地推动了中国竞技体育职业化、社会化的进程。这些情况表明,中国竞技体育后备人才培养的体系正在发生着变化,由过去单一、封闭的模式向目前的多元、开放的模式转化。这种转变并不是对过去"传统"的彻底否定,而是竞技体育后备人才培养体系中各种培养形式之间地位、比重的调整与转换。① 中国竞技体育后备人才培养模式形成及演变过程见表3-2。

表3-2　中国竞技体育后备人才培养模式形成及演变过程

时　间	培　养　形　式	培养特点
1951 年以前	普通高校业余训练	业余竞技体制
1951 年	解放军体工大队	专业竞技体制
1952 年	中央体训班、"八一"体工大队	专业竞技体制
1953 年	各大行政区体训班	专业竞技体制
1958 年	体育院校	业余、专业竞技体制
1959 年	各省、市、自治区成立优秀运动队	专业竞技体制
1965 年	建立国家队、省（直辖市）优秀运动队	专业竞技体制
1979 年	体育院校竞技体校	专业竞技体制
1982 年	运动技术学院	专业竞技体制
1987 年	普通高校试办高水平运动队	业余竞技体制
1992 年	业余、职业足球俱乐部	业余、职业竞技体制
1994 年	足球学校	业余竞技体制
1994 年以后	国家队、省、市、部队体工队、职业俱乐部、体育院校及竞技体校、普通高校高水平运动队、运动技术学院、体育学校、各级业余体校、社会团体、家庭和个人	专业竞技体制业余竞技体制职业竞技体制

注:此表根据钟秉枢《社会转型期我国竞技体育后备人才培养及其可持续发展》(北京体育大学出版社,2003 年)和熊晓正《我国竞技体育发展模式的研究》(人民体育出版社,2008 年)两本书整理而成

---

① 钟秉枢:《社会转型期中国竞技体育后备人才培养及其可持续发展》,北京体育大学出版社,2003 年,第 8 - 12 页。

当今世界,竞技体育对运动员生物潜能的开发已日趋接近极限,未来竞技体育的可持续发展必须重视充分开发运动员的智能潜力,有效地利用科学技术更新场地和器材,从而促进竞技尽快从传统的体能型向智体型转变。[1] 2000 年 12 月,中国国家体育总局颁布的《2001—2010 年体育改革与发展纲要》明确指出,中国青少年训练要回归教育,高水平运动员的培养要走"院校化"之路。现阶段要建立中国新型的竞技体育后备人才培养及训练网络,必须注重学校、社会对竞技运动人才的投入和培养。充分利用社会资源、学校等多种途径,扩大竞技体育人才培养的基础,建立起适应社会主义市场经济体制的多形式、多渠道、多层次的后备人才培养体系,是提升中国竞技体育核心竞争力和保持中国竞技体育健康、可持续发展的有效举措。

第三节　中国运动员人力资本形成

一、人力资本的形成

（一）人力资本的形成机理

人力资本,作为体现在人身上的一种特殊的资本形态,是在人类自身的生产和再生产过程中通过相应的投资而形成的。人类自身的生产是以家庭为基本单位或基础部门,以教育培训为主要手段,以医疗卫生作为生理养护条件或社会保障措施,来进行的一种投入产出活动。通过这种生产活动,人身在生物或生理学意义上得以存在和成长,身心素质得以形成和提高,知识技能等精神存量得以增进。借助这种生产和再生产过程,人们结合一定的投资形

---

[1]　宋继新:《竞技教育学》,人民体育出版社,2003 年,第 26 - 27 页。

式进行健康、教育、培训等投资活动,从而形成各自的人力资本,并与其他形式的资本相结合形成一定的生产能力。[1] 与许多其他资本品的形成一样,人力资本也遵循一定的方式形成于人的身体里面,并作用于生产、交换、分配和消费过程。可见,人力资本形成即是通过对人的投资进而开发人力资源的过程,或者说,是一种特殊的资本品——人力资本的生产过程。与物质资本品生产过程所不同的是,人力资本形成不是物的生产过程,而是人的能力的生产过程,从本质上讲,人力资本形成是把人力资本投资要素转化为人的生产能力的过程。

人力资本并非天赋,而是其内生因素——劳动力与外生因素——投资的有机统一体,是劳动力与投资共同作用的结果。唯物辩证法告诉我们,任何事物的发生与发展都是由内因和外因共同作用的结果,而内因起决定性作用,外因起辅助性作用。从人力资本形成的外因看,人们将能力、技术、知识等看做是投资的产物时,这些能力就具有资本的基本属性——增殖性,人力资本开始出现。从人力资本形成的内因看,人力资本就是劳动力,如同资本的根源在于货币一样,人力资本的自然根源在于劳动力,是劳动力发展到一定阶段的产物。[2] 由此可见,在人力资本的形成过程中,其内生因素——劳动力始终是人力资本的核心与根源,而投资是其外在约束。当社会发展到一定阶段,劳动力成为投资的产物时,劳动力不再体现为人的一种天然禀赋,而表现为后天可得的知识、技能等素质要素的堆砌。在社会生产实践中初级形态的劳动力也逐渐转化为层次和级别更高的劳动力,并最终转化为人力资本。

---

① 李宝元:《人力资本运营——新经济时代企业经营战略与制胜方略》,企业管理出版社,2001 年,第 14-16 页。

② 冯子标:《人力资本运营论》,经济科学出版社,2000 年,第 42-45 页。

（二）劳动力转化为人力资本的条件

从前面的分析可知,劳动力并非一开始就是人力资本,而是社会发展到一定阶段才转化为人力资本的,但劳动力转化为人力资本需要一定的客观历史条件和特定的转化途径、转化机制。

首先,知识、技术、信息与劳动力分离成为商品,是劳动力转化为人力资本的前提条件。人类社会的初期,劳动力更多地表现为人的体力,随着劳动范围和劳动过程不断地扩大和深入,人类逐渐积累起一定的生产生活经验,这些经验内生于人的自身,逐渐凝结为人类的知识、技术和信息等生产要素,并开始脱离于人身而独立存在。伴随着商品经济的拓展和深化,劳动力不再作为一个整体进入市场进行交易,劳动力中的智力因素——知识、技术、信息等部分或全部独立出来,形成了一种单独的商品在市场中进行交易,并逐渐在交易中占据了主导地位,而最初的劳动力的交易也逐渐分化为单纯的劳动力交易和知识、技术、信息等生产要素的交易。知识、技术、信息等生产要素的商品化使劳动力转化为人力资本成为可能。

其次,知识经济时代的到来,是劳动力转化为人力资本的历史条件。在知识、技术、信息成为商品进入市场进行交易之后,尽管这些交易在整个社会交易总额的比重不断扩大,但劳动力仍不能转化为人力资本,它只有在整个社会的生产、流通、分配都围绕着知识而进行时才会转化,即只有在知识经济时代,劳动力才能转化为人力资本。物质经济时代,物资资本是短缺的,而劳动力则显得过剩,人们更多地强调物资资本的作用,整个社会的生产也表现为物资资本的再生产。在知识经济时代,知识、技术、信息等智力要素成为生产力中的决定性因素,知识、技术、信息在整个社会中显得更为稀缺。随着知识成为整个经济的中心,传统劳动力在价值形成中的作用出现分化,初级形态的劳动力——体力在价值创造中的作用日趋减弱,而高级形态的劳动力——以知识、技术、信息堆砌为特征的智力要素在价值创造中的作用则日趋加强,逐步占据主导地位,成为价值增殖的主体。此时,传统的劳动力概念已不能体现这种时代特点,需要赋予其资本的特性,在这样的时代背景下,高级形态的劳动力就转化为人力资本,而低级形态的劳动力仍称为劳动力。①

再次,劳动力成为投资的产物是劳动力转化为人力资本的外在条件。传统经济理论中,每个人的劳动没有区别,具有同质性,人与人之间,不存在劳动力质的区别,只存在量的差别。随着社会经济的发展,劳动力不再仅仅是一般意义上的、具有同质性的产物,而被作为人们有意识、有目的投资的产物,是人们"为了形成生产性储存,审慎地支出了某些花费和牺牲(时间、努力、精力),这些花费和牺牲体现在人身上,在未来能产生服务,这种服务包括未来所得到的经济收益和个人在他终生都能得到诸如精神上的满足等消费性服务"②。这样,人们通过学校教育、在职培训等途径不断提高自身的劳动能力,取得高层次的劳动力的过程,就构成了劳动力的生产,劳动力也成为这个生产过程的最终生产成果。当这种劳动力的生产开始成为人类社会一种新的生产方式时,这种生产也就具备了资本生产的所有特性,劳动力正式转化为人力资本。

最后,劳动力开始分享经济剩余,是劳动力转化为人力资本的内部机制。舒尔茨认为,人力资本的形成,是劳动者为获得未来收益而进行的主动的、自觉的投资行为,以此来取得对利润的分享。物质经济时代,由于物质资本的作用更容易被人们识别和计量,从而掩盖了劳动力的作用,资本雇佣劳动是物质经济时代典型的特

---

① 冯子标:《人力资本运营论》,经济科学出版社,2000 年,第 59 页。
② [美]西奥多·W·舒尔茨:《论人力资本投资》,北京经济学院出版社,1987年。

征,社会生产的经济剩余或剩余价值也被资本所拥有,而劳动力只能凭借其所有权取得一个固定的支付——工资。但事实上,经济剩余或剩余价值是由劳动力创造的,而这一真相被资本万能的外衣所掩盖。伴随着资本产权制度的演变,在知识经济时代,人的劳动能够得到合理的计量,劳动力的差异也能够充分体现出来,其在生产中的作用被人们所认可并较之物资资本更重要时,劳动力开始分享经济剩余,这种作为投资产物的劳动力开始有了相应的经济收益,劳动力具有了资本属性,成为人力资本。[①]

劳动力转化为人力资本的过程,其内生于商品经济的高度发展,如同劳动力成为商品,货币转化为资本一样,是伴随着知识、技术、信息商品化,在物资经济转为知识经济的历史进程中由劳动力转化而来的。人力资本是知识经济的基础概念,属于历史的范畴。

(三) 人力资本形成的途径

当劳动力具备了资本的特性,劳动力的增殖性成为经济运行和经济学研究的主题时,劳动力已转化为人力资本,这一转化过程,实质就是人力资本的形成过程,转化的途径就是人力资本形成的途径。人力资本的形成途径是多种多样的,但基本上可以集中归纳为教育、培训、"干中学"、健康、医疗、迁移等方面。人力资本以不同的形式存在于人体之中,从形成的途径看,人力资本的类型主要有教育资本、技术与知识资本、健康资本以及迁移与流动资本等,人们通过不同的途径分别获得这些形式的资本,而这些资本彼此之间相互替代、互补、互动,其价值存量综合作用于人体便形成了个体的人力资本。教育历来被认为是人力资本形成的主要途径,教育资本是人力资本的基本形式,作为一种能力资本,它是获

---

① 冯子标:《人力资本运营论》,经济科学出版社,2000 年,第 68 页。

得其他形式人力资本的基础,因为教育的功能不仅在于传播知识,而且还可以开发学生智力,塑造学生的品质。教育资本可以通过家庭教育、正规学校教育(国民基础教育)等途径获得,由于教育存在着国民基础教育与高等教育以及职业教育的区分,其相应的人力资本职能也有较大差别。技术与知识资本是人力资本的核心,是指一个人所具有的可以直接用于生产商品与服务的人力资本,这是与教育资本在功能上最主要的区别。技术与知识资本的形成途径主要是通过专业学习(大学教育)、职业培训(职业教育)、在职培训(on the job training)以及"干中学"(learning by doing)等。健康资本的形成主要通过医疗、保健、营养和体能锻炼,以及闲暇与休息等途径获得,健康资本是其他形式人力资本存在与效能正常发挥的先决条件。人口迁移与职业流动也属于人力资本范畴,因为这些活动也需要投入成本,并且可以带来收入的增加。迁移与流动资本是一种资源配置资本,存在于人体之外,它只是改变人的空间或社会位置,一旦迁移或流动过程结束,其本身就失去了存在的价值。由于人力资本的形成过程还包含着人的能力的提高,而日常生活中人际交往以及交流的渠道、途径均可以改变人的意识、观念以及提高人的某种能力,因此这些活动也是人力资本形成的途径之一。

二、中国运动员人力资本的形成

运动员是专门从事某个项目运动训练和竞赛的从业人员,运动员的训练竞赛活动属于职业活动的范畴。运动员通过多年艰苦的训练不断提高自己的竞技水平,以通过参加比赛获得较好的运动成绩为目标。参加运动训练和休育竞赛是运动员最基本的、唯一的劳动形式,也是运动员获得相应的劳动报酬作为生活来源的主要方式。运动员通过其特殊的劳动技能生产出极具观赏价值的竞技体育服务产品,满足人们精神文化生活的需要。人们通过对运动员的体育天赋进行开发和投资,使其经过长期的运动训练形成并凝聚在运动员身上的健康、技能、知识、心理、声誉等因素的价值存量,便构成了运动员人力资本。运动员人力资本属于技能型人力资本的范畴,其核心要素是通过对人的体育天赋进行投资培训而形成的专项竞技能力。

运动员人力资本形成是内生和外生因素共同作用的结果,以运动员专项竞技能力为核心的劳动能力是形成运动员人力资本的自然基础和根源,而多年坚持不断地投资是其形成的外在条件,而且这种投资只有作用于合适的载体才能形成高级劳动力进而转化为运动员人力资本。运动员人力资本形成,是指运动员所具有的能够带来现期和未来收益的存在于人自身的知识、技能和体能的投入存量的投资过程。[①] 运动员人力资本的形成是投资者、管理者、施教者、受教者等各类投入主体共同活动的过程,是在给定约束下人力资本载体与各类主体的互动回应系统,这一系统具有特定运行规律和实现机制,其中包括:运动员人力资本投资政策、教育制度、训练体制和社会保障制度、意识形态、运动员的价值观和回应的有效性和真实性等。人力资本的存在与社会形态、经济制度本身并无必然联系,任何社会形态、经济制度下,作为高级劳动力的个体,凝聚在其身上的健康、知识、技能等因素的价值存量都是客观存在的,只是还没有适当的条件转化为商品生产的要素创造剩余价值。在中国,运动员劳动力转化为运动员人力资本也需要具备一定的条件,当中国运动员的特殊劳动力成为商品,可以进入市场进行交换,以及运动员的竞技能力成为投资的产物并可以分享经济剩余时,具备一定

---

① 何世权:《论我国运动员人力资本的形成和特征》,《北京体育大学学报》,2004年第8期。

运动技能的运动员劳动力就转化为运动员人力资本。

改革开放前,中国实行社会主义公有制为基础的有计划的商品经济,商品生产、商品交换和货币流通是社会经济的主要表现形式。中国体育管理体制实行由国家包办并采取行政运作的方式,政府充当着体育事业所有者、管理者、经营者等多种角色。中国运动员的培养主要采取青少年业余训练与专业运动队训练相结合的方式,也就是我们常说的由少体校、专业竞技体校、省市及国家队为主形成的自下而上的三级训练网体制。这一训练体制从制定总体发展规划到运动员的选拔、培养等全部由各级政府体委负责包办、包管,运动员的培养是建立在一种高投入、高淘汰率的基础上。在当时的社会政治、经济背景及体育管理体制下,中国运动员人力资本客观上是存在的,但在主观上并不被人们认可。因为在那个特定的历史时期,"资本"一词是人们所忌讳的,将"人力"称为"资本"更是不可想象的。在计划经济时期,中国运动员所从事的运动训练和体育竞赛活动,其生产的竞技体育服务产品没有被看做是商品,因为人们认为这种产品没有进入市场进行交换。运动员劳动力也不被看做是商品,因为在举国体制下人们完全忽略了运动员成长过程中运动员自身的成本投入,而是认为运动员完全是由国家投资培养的,运动员劳动力的使用仅仅表现为为国家服务,满足国家政治需要和为人们无偿提供精神文化产品。

马克思在《资本论》中认为,商品是为交换而生产的劳动产品,一切商品都具有使用价值和价值两个因素,缺少其中任何一个因素,就不能成为商品。① 但在马克思劳动价值论中的商品更多地被看做是人们生产的物质产品。现代经济学对商品的定义更宽

① [德]卡尔·马克思:《资本论》,曾令先,卞彬,金永译,华夏出版社,2006 年,第 2 - 3 页。

泛一些,认为凡是用来交换的产品和服务都是商品。① 本研究认为,计划经济体制是中国一个特殊的历史时期,但凝聚于人身上的健康、技能、知识等因素的价值存量是客观存在的人力资本,国家的政治、经济体制只是影响人力资本效能的发挥程度及其价值的体现形式,并不能对人力资本的存在起决定性作用。在中国计划经济时期,中国专业运动员的劳动力体现为专项竞技能力,运动员通过训练和竞赛活动一方面满足国家政治上的需要,为国家服务;另一方面,运动员在比赛中生产出满足人们精神文化生活需要的竞技体育服务产品,并以此获取相应的生活资料,也就是国家给予的工资、福利和奖金等。可见,参加运动训练和体育竞赛是运动员基本的、唯一的劳动形式,在役运动员仍然是靠出让自己特殊的劳动力——专项竞技能力作为其谋生的手段。在体育比赛中运动员生产的竞技体育服务产品的使用价值就是让人们观赏和消费,满足其精神文化生活的需要,而这种产品的价值除包括维护运动员用于再生产的生活资料价值外,更多地体现在社会价值方面,如通过竞技体育提升国家形象和地位,增强民族自豪感和凝聚力,激励和带动全民参与体育运动以及竞技体育的政治价值等。另外,运动员所生产的体育服务产品也进入了市场,被观众所消费,运动员因此获得了一定的经济收益,这是一种市场里间接的交换过程。基于以上分析,本研究认为,运动员劳动力及其劳动成果——体育服务产品具备商品的属性,属于商品的范畴。但在计划经济时期,由于运动员是由国家的代表——各级地方政府出资培养的,除了要求下级运动队伍向上级输送优秀运动员外,运动员的流动方式基本是垂直的,也就是自下而上的,横向的流动非常少。因此运动

---

① 刘树成:《现代经济学词典》,江苏人民出版社,2005 年,第 877 页。

员劳动力作为一种商品并不能随意进行买卖,这是由当时中国专业运动员培养体制所决定的。但是,中国国家体制保障了这部分运动员的现期收入和预期收益,虽然不能自由流动,但是能够带来稳定的收益流,因此可以认为这是中国在计划经济时期运动员人力资本的一种特殊形态。

改革开放后,中国经济体制由计划经济向市场经济转轨,中国体育管理体制和传统的运动员培养体制也相应的发生变化,改革力度不断加大,社会力量开始介入体育领域。进入 20 世纪 90 年代以来,国际体育市场化、商业化对中国竞技体育的影响,催生了中国体育职业化的改革。1992 年中国国家体委开始酝酿中国体育市场化、职业化的改革之路。1993 年国家体委颁发了《国家体育运动委员会关于深化体育改革的意见》和 6 个配套文件,提出了中国体育事业改革的 6 个方面共 29 项措施。随后在 1994 年中国足球职业俱乐部联赛举办,拉开了中国运动项目协会实体化、职业化改革的帷幕,之后篮球、排球、乒乓球、羽毛球、围棋、网球等项目也纷纷开展职业联赛,各种挑战赛、争霸赛、大奖赛等纯商业的体育比赛开始在中国出现。国内各类职业联赛和商业性体育比赛的广泛开展,标志着中国竞技体育开始走市场化之路。随着中国经济的快速发展和市场经济体制的不断完善,中国竞技体育社会化、市场化程度不断提高,项目职业化改革也更加深入,体育逐渐成为人们偏爱的休闲娱乐方式之一。

中国竞技体育的社会化、市场化发展为中国运动员人力资本的形成提供了历史机遇。体育的市场化使高水平运动员变为日益稀缺的商品,运动员的横向流动不断增加,使得运动员的人力资本价值得到了一定的体现。在社会化、市场化发展进程中,竞技体育创造出巨大的社会价值和经济价值,运动员凭借其专项竞技水平在各类比赛中的出色发挥获得的比赛名次,分享经济价值剩余和社会价值——声望、荣誉、社会影响力等。运动员参与竞技体育服务产品的生产投入不仅仅是一般体力活动意义上的劳动力,而是以竞技能力为核心的高级劳动力。运动员的这种高级劳动力,也就是专项竞技能力,是运动员经过系统化的长期艰苦训练而获得的健康、技能、知识、心理等因素的价值存量以及由此产生的声望和社会影响力等无形资产的综合体,是各行为主体对其体育天赋进行投资的产物。而当运动员的这种高级劳动力被看做是商品,并且成为人们投资的产物以及可以分享经济剩余时,运动员劳动力就转化为运动员人力资本。

现阶段,中国运动员人力资本的形成是由国家、企业、家庭、个人等投资主体,国家、俱乐部、学校等管理组织,教练员、教师等教育者和运动员等受教育者共同完成的。运动员是运动训练、竞赛的主体和运动技能的直接承担者,运动员人力资本价值的形成最终体现在其竞技能力上。教练员是运动训练的直接组织者和管理者,对提高运动员竞技能力,形成运动员人力资本起着主导作用。当代竞技体育已经由运动员和教练员构成的单一参赛系统发展到众多人员高度合作的复杂系统。运动员人力资本价值的形成除运动员和教练员的努力外,还有医务人员、管理人员、科研人员、信息服务人员、后勤保障人员等的通力合作,他们在运动员人力资本形成中发挥着重要作用。① 运动员人力资本的形成除了投入的人员成本外,还包括物质条件投入,包括训练的场地、设备、材料、服装等物质条件以及直接用于运动员的饮食、营养、卫生等生活消费品等,这些是运动员人力资本形成的物质基础和重要保证。

---

① 武秀波:《我国运动员人力资本形成与收益分配的特殊性》,《沈阳师范大学学报》,2006 年第 2 期。

　　中国运动员人力资本伴随着运动员的成长而不断积累,形成高级劳动力后在特定的条件下进而转化为运动员人力资本。运动员人力资本的价值形成是多元化投资的结果,在其价值存量长期递增过程中各投资主体投入大量的人、财、物等生产性要素,特别是运动员自身更是付出了常人难以忍受的艰辛劳动、大量的心理成本以及高昂的机会成本等。本研究问卷调查表明,运动员在青少年时期长期从事训练和比赛,除付出大量的精力、体力外,还失去了宝贵的文化知识学习、其他技能掌握以及一些就业工作机会等。调查中运动员认为自己从事训练和比赛损失较大的方面主要是文化知识、其他技能学习机会、自己的青春、社会生活能力等(见表3-3)。一般而言,运动员人力资本存量和质量与投入的生产性要素、物质资源以及货币量呈正相关关系。运动员人力资本的形成具有长期性、连续性、阶段性和动态性等特点。

表3-3　中国运动员在多年的训练、参赛过程中损失情况
调查一览表(n = 308)

备选项	损失较大		损失一般		损失较小		频数总计
	频数	百分比	频数	百分比	频数	百分比	
健康	102	33.8	115	38.1	85	28.2	302
财力	117	38.1	120	39.1	70	22.8	307
文化知识	245	80.6	51	16.8	8	2.6	304
其他技能学习机会	192	62.3	88	28.6	28	9.1	308
其他工作机会	104	34.6	138	45.9	59	19.6	301
社会生活能力	140	46.7	97	32.3	63	21.1	300
自己的青春	166	54.1	76	24.8	25	8.1	307

三、中国运动员人力资本形成阶段

　　中国高水平专业运动员一般都要经历这样的培养过程:发现其运动天赋—进入业余体校或者传统体育项目学校—进入部队、省市

体工队—进入国家队—在国内、国际比赛中取得好成绩。在中国自下而上的运动员培养体系中,少体校和一些体育特色学校是培养运动员的初级形式,主要任务是建立运动员梯队的三线队伍;专业队和俱乐部的青年队侧重于提高运动技术水平,主要任务是向运动队输送后备人才;而集中了各省市和全国运动员的精华,代表各省市和全国的最高水平的专业队,是中国运动员级别的最高级形式。

人力资本价值形成的生命周期大致可以分为 4 个阶段:开发期、成长期、巅峰期和衰退期。运动员人力资本的生命周期与其他行业人力资本的生命周期相比巅峰期到来早,持续时间短,衰退期到来早。运动员一般在十几岁到 20 岁左右开始进入巅峰期,开发期和成长期相对较短。而其他人力资本要经过从小学到大学,再到大学毕业后在工作单位的工作经验的积累,开发期和成长期比较长,要在 35 岁以后才能达到巅峰期。由于受体能的影响,运动员人力资本的巅峰期持续时间较短,一般在 10 年以下,而其他人力资本正常情况下巅峰期可以持续 20 年,甚至更长。[①] 运动员人力资本价值与其运动寿命周期的曲线关系如图 3-2 所示。

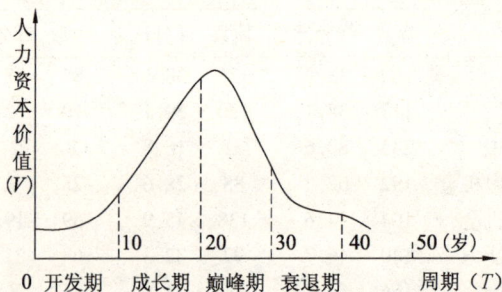

图 3-2　运动员人力资本价值与其运动寿命周期曲线

① 武秀波:《中国运动员人力资本投资风险及其规避》,《沈阳体育学院学报》,2006 年第 3 期。

中国运动员人力资本的形成过程大致可分为三个阶段。第一阶段为运动员人力资本的初始阶段,在这个阶段中,运动员根据自身的体育天赋从小开始从事某项运动训练,提高身体机能和体能水平,比较系统地学习掌握运动技术,在这一阶段运动员及其家庭投入了大量的资金和精力。第二阶段为运动员人力资本的积累阶段,运动员经过多年的基础训练运动水平明显提高,具备了相当水平的竞技能力,运动员也进入了高一级的专业运动队或俱乐部,并开始与运动队或俱乐部建立劳资关系,这个阶段的主要投资者是国家、企业、教练员和运动员。第三个阶段为运动员人力资本显效阶段,在这一阶段,运动员已经具备了高水平的竞技能力和比赛经验以及成熟的心理素质,能在一些高级别的比赛中表现突出,所获得的成绩和比赛名次成为他们的主要资本,此时运动员会获得很高的社会声誉,运动员人力资本价值不断攀升。这个阶段的投资者相对第二阶段没有多大的变化,但运动员人力资本的市场价值却凸现出来,运动员人力资本开始分享经济剩余,获得相应的经济收益。

第四节　中国运动员人力资本投资

一、人力资本投资

投资是重要的经济活动现象,传统经济理论中的投资被认为是货币和实物的支出和投入。舒尔茨认为这种投资理论是狭隘的,投资除了货币和实物形态的投资外,还应包括人力投资,有必要建立人力资本投资理论。人力资本作为一种特殊的资本形态,是靠后天获得的,其获得途径即是人力资本投资。马克思曾经说过:"要改变一般人的本性,使他获得一定劳动部门的技能和技巧,成为发达和专门的劳动力,就要有一定的教育或训练,而这就得花费或多或少的商品等价物。"[①] 人力资本一方面是投资的产物,没有人力资本的专用性投资,各类人力资本就无法形成;另一方面,人力资本投资不是目的,其投资的根本目的在于获得人力资本的收益。人力资本投资是指通过一系列有目的、有计划的教育培训等活动,对个体进行一定的货币、资本或实物投入,提高人身体内的知识、能力和健康等的存量水平,实现预期收益最大化而进行的投资。简言之,人力资本投资就是以获得人力资本为目的的投资。

人力资本投资的基本内容,就是提高人的素质,挖掘人的潜力,合理配置和使用劳动力。舒尔茨把人力资本投资范围和内容归纳为 5 个方面:1. 卫生保健设施和服务,概括地说包括影响人的预期寿命、体力和耐力、精力和活动的全部开支;2. 在职培训,包括由商社组织的旧式学徒制;3. 正规的初等、中等和高等教育;4. 不是由商社组织的成人教育计划,特别是农业方面的校外学习计划;5. 个人和家庭进行迁移以适应不断变化的就业机会。[②] 这些人力资本投资形式之间有许多差异。如前 4 项是增加一个人所掌握的人力资本数量,而后一项则涉及最有效的生产率和最能获利地利用一个人的人力资本。

(一) 人力资本投资的主体、客体及实施者

人力资本投资表现为投资的主体和客体相互依存共同作用的过程。人力资本投资的主体是人力资本投资的发起人、出资人和使用人力资本的获益人,包括国家、企事业单位、社会团体以及家庭或个人。国家、企事业单位和社会团体是人力资本投资的基本

---

① 马克思,恩格斯:《马克思恩格斯全集》(第 23 卷),北京人民出版社,1972 年,第 193 页。

② [美]西奥多·W·舒尔茨:《人力资本投资——教育和研究的作用》,商务印书馆,1990 年。

主体,家庭或个人是人力资本投资的实践者,各类投资活动最终由家庭或个人相关活动来实现。人力资本投资的客体或对象是能够生成复杂劳动力的人。人力资本是通过投资在人的简单劳动力基础上形成的复杂劳动力,人的高级的专门的复杂劳动力是在特定的社会环境中,通过学习、培训和各种社会实践后获得的,人力资本的直接投资对象就是人的简单劳动力。参与人力资本投资的单位,除了投资主体和投资客体外,还有投资的实施者。投资实施者是参与人力资本投资过程的生产性主体,即人力资本的生产者,主要由科研、教育、文化和卫生等单位构成,统称"科教文卫"单位,其作用就是根据人力资本投资者的要求或需要,生产或培育复杂劳动力并把复杂劳动力转化为社会所需的人力资本。

(二) 人力资本投资方式

人们通过人力资源投资形成和积累起来的人力资本,表现为劳动者所具有和运用的科学文化知识、专门的职业技术知识、专门的职业技能、健康以及劳动者的地理分布等,而这些高级复杂劳动力的要素必须通过特定的活动方式生成,这一生成过程是各投资主体经常性支出和一次性投入所构成的复杂系统。舒尔茨把人力资本投资方式和内容归纳为 5 个方面:1. 卫生保健设施和服务,概括地说包括影响人的预期寿命、体力和耐力、精力和活动的全部开支;2. 在职培训,包括由商社组织的旧式学徒制;3. 正规的初等、中等和高等教育;4. 不是由商社组织的成人教育计划,特别是农业方面的校外学习计划;5. 个人和家庭进行迁移以适应不断变化的就业机会。① 舒尔茨的这些人力资本投资形式之间有许多差异,如前 4 项是增加一个人所掌握的人力资本数量,而后一项则涉

---

① [美]西奥多·W·舒尔茨:《人力资本投资——教育和研究的作用》,商务印书馆,1990 年,第 31 - 32 页。

及最有效的生产率和最能获利地利用一个人的人力资本。根据舒尔茨等人的理论观点,综合诸多专家学者的研究概括分析,人力资本投资的方式一般可以归纳为:教育投资、培训及"干中学"投资、迁移流动投资、卫生保健投资和情感投资等。

1. 教育投资

教育投资是一种极为有效的人力资本投资方式,是提高人力资本知识存量和技能存量的主要途径。教育投资是一个长期的过程,一般包括初等、中等和高等教育等,其投资的效果往往与政府教育政策、教育重点有关。教育投资分为两类:一是"有形投资",包括各种用于教育的人力、财力、物力;二是"无形投资"(也称机会成本),指学生因接受教育而不能参加社会生产劳动而未得到的财富,即因教育而放弃的收入。教育投资具有外部性,其投资成本一般由国家、社会和个人共同承担。

2. 培训及"干中学"投资

培训投资是人力资本投资的另一种重要方式,主要用于增加劳动者的技能存量。培训的形式可以多种多样,包括各种正式的和非正式的培训,以及从工作经验中学习提高的"干中学"等。培训的最终目的在于使受训者在短期内尽快熟悉工作环境和相关设备性能,掌握岗位所需要的技能,从而提高劳动生产率。培训投资具有很强的专业性、鲜明的层次性、显著的实践性和明确的经济性,培训往往能形成直接的生产能力。"干中学"投资是提高有用的知识、技能和经验的人力资源开发,这种方式也需要有组织地计划、投入和激励,是一种投资少,见效快的投资。个人的"干中学"投资包括学徒工向师傅支付学费、个人投入的时间和精力等。

3. 迁移流动投资

人力资本流动是现代经济社会的普遍现象,人力资源与物质资源在动态中不断优化组合,形成最优配置,把潜在的经济资源转化为现实的生产力,从而实现人力资本的增殖。人力资本迁移流动投资的主要动力在于获得更高的经济收入和非金钱性的满足。人们为了得到更多的收入及有效地配置人力资源,通过人力资本所有者位置(地理位置和职业位置)的变化带来收入的增加和精神上的满足。对于个人来讲,通过教育和健康等投资形成的人力资本,要实现其价值,并使价值增殖,就必须通过迁移和流动来完成。人口迁移与职业流动需要投放成本,并带来收入的增加,这就是人力资本迁移的流动投资。

4. 卫生保健投资

健康是一种财富,在各种人力资本投资中,人们越来越重视对医疗保健等健康方面的投资。人力资本的载体只能是人,人的心理、生理素质状况,是人力资本借以发挥作用的自然基础,人的健康状况对于决定各种方式的人力资本投资及其价值起着极其重要的作用。医疗保健等活动的直接结果是能够维持和恢复人力资源的劳动能力、改善人们的健康状况、提高平均寿命,可以明显地提高人力资本价值,改善人力资源素质。卫生保健投资和教育投资、培训投资一样,都能产生效益,提高工作能力和企业的生产率。一般而言,一个人的健康资本存量与年龄的关系显现一种倒"U"形分布。健康资本的取得主要通过医疗保健、营养和体能锻炼以及闲暇与休息等途径。

5. 情感投资

情感投资是人力资本投资方式中一种非常特殊的投资,这种投资有的是物质的、有形的,但更多的是精神的、无形的。我们都知道,人是社会生产中最能动、最活跃的因素,任何生产活动都要靠人来进行,而人的主观能动性直接影响到人力资本效能的发挥程度,往往是事情成败的关键。中国有句老话,"士为知己者死",说明情感的力量是无可比拟的,可见,在对人力资本的投资中,情感的投资是不可忽略的要素。社会越是高度发展,人民生活越富裕,人们对情感等精神方面的追求远远胜于对物质方面的追求。特别是知识经济时代,掌握高级知识、技术的人更是成为社会经济生产的核心力量,在这些高级人力资本形成过程中,对其进行情感投资就显得尤为重要。

分析上述人力资本投资的各种方式不难发现,人力资本投资过程具有二重性,即人力资本投资是人力资本形成过程和复杂劳动力形成过程的统一。① 作为人力资本形成过程,人力资本投资表现为人力资本投资资金的动员、筹集、投入和运用,人力资本的形成、使用和投资资金的回收过程。作为复杂劳动力形成过程,人力资本投资表现为人力资本投资的规划与决策、教育和培训、学习与练习、学术交流和科研活动,以及身体锻炼和各种有益的文化活动等最终形成复杂劳动力的行为过程,其中教育和实践是人力资本形成的基本活动形式。

(三) 人力资本投资特点

人力资本投资具有特殊的一面,与物质资本投资相比具有以下不同的特点。

1. 人力资本投资主体的多元性和客体的复杂性

人力资本投资取向受诸如社会经济体制、个人及家庭收入、企业管理方式等多种因素的影响,其投资主体具有多元性。人力资本投资的对象或客体不是非生命的物体,而是具有一定的智力、体力、精力和生命的人,本身具有复杂性。

---

① 余文华:《人力资本投资研究》,四川大学出版社,2002 年,第 27 – 28 页。

2. 人力资本投资者与投资对象的交叉性

人力资本载体本身是天然的投资者,即人力资本载体自身要投入智力、财力、体力、精力和时间等,同时又是被投资的对象,投资者与投资对象相互交叉。

3. 人力资本投资具有连续性和动态性

人力资本是一种时间密集型的资本,其形成是一个长期的过程。投资具有连续性和动态性,连续性是指人的生命周期各阶段上都要进行人力资本投资,投资要贯穿人的一生;动态性是指在不同时期人力资本投资的形式、内容、目的都是不同的,其投资过程是一个不断发展、不断升华的动态过程。

4. 人力资本投资具有阶段上的相继性特点

人力资本投资过程中后期的投资必须以前期的投资为基础或前提条件,有些投资阶段必须经过,而不能逾越,这个特点对人力资本投资行为具有十分重要的影响。

5. 人力资本投资收益的滞后性和长期性

人力资本投资活动需要伴随一个人的成长及生命过程来进行,受人本身的身心因素和社会环境的限制,对其最初的投资要经过较长的实践才能见到效益,投资收益具有滞后性。但人力资本投资在见效后,就能体现出收益的长期性,即人力资本能够长期使用。

6. 人力资本投资者与收益者的不完全一致性

物质资本投资的基本原则是"谁投资,谁收益",人力资本投资却并不一定遵守这一原则,其投资者和收益者之间的关系复杂得多。人力资本是一种寄存于人体的无形资本,它无法与人体分升进行单独投资,人的意识和意愿将决定其蕴藏的人力资本的服务方向,而各投资主体只能通过激励和控制客体的各种活动才能收益。而且,对人力资本的投资可以由国家、社会、企业、家庭或个人几方中的任一方(或几方)承担,但收益任何一方都可获得,其投资和收益具有不完全一致性。

(四) 人力资本投资收益

人力资本投资的收益分享,是指在一定社会经济条件下,人力资本投资主体(个人、企业和国家)根据其人力资本投资份额(由此获得的产权份额)都应获得相应的人力资本投资收益。① 收益分享决定于人力资本投资收益参与者之间的产权关系。由于产权所有者获得的对人力资本投资的收益是由他所拥有的人力资本产权所决定的,因此,他们的产权收益的数量,与他们是否直接参与生产过程无关,与他们投入生产过程的劳动量多少也无关,而只与他们投入这一生产过程的人力资本存量有关。也就是说,一旦产权参与社会新增财富分配的比例确定,产权所有者拥有的人力资本产权越多,所占人力资本投资收益就越多,从社会生产所创造的新增财富中所获得的份额也就越多。但是,企业生存于不确定的市场环境之中,企业合约是不完备的,企业的总利润可以肯定不是一个常量,而是一个不确定的变量。因此,参与人力资本投资收益分享的投资者不可能都会因自身的投入而获得一个固定的报酬,总得有人分享一个不确定的收益,这个收益也可能是负的,那就意味着要以其投入来承担损失了。所以,人力资本投资收益分享影响着投资主体的积极性,同时也意味着要分担人力资本投资风险。

根据经济学家舒尔茨、贝克尔和明塞尔的理论,人力资本投资是由个人按其自身利益来完成的。人力资本投资收益是人力资本投资的决定性因素,收益的获得需要产权制度的保障,在没有产权

---

① 王为一:《人力资本投资的收益分享问题研究》,华中科技大学博士学位论文,2004 年,第 10 – 13 页。

制度的保护下,由于人力资本投资中投资者和收益者不同而产生的成本收益承担主体不同的缺陷,将导致人力资本投资的不足。人力资本的收益与人力资本存量的大小呈正比,人力资本存量越大,其收益就越多,人力资本存量越小,其收益就越少。在缺乏人力资本产权的情况下,这种正常关系被扭曲。因此,人力资本收益分享问题的核心是确立人力资本的产权主体。人力资本投资的收益分享还要看投资主体是一元还是多元,按照"谁投资,谁收益"原则以及"投资人理性"假设,人力资本产权主体必然与人力资本投资主体相对,必定是一元或多元。投资人力资本的目的都是为了获得人力资本带来的收益,收益的取得应以拥有的产权为依据,即人力资本的投资主体、人力资本产权主体和人力资本投资收益主体是相互对应且三位一体,缺一不可的,责、权、利共享,互相制约,互相促进。至于投资者的利益如何分割,应具体情况具体分析,主要考虑投资主体对人力资本投资贡献的大小,即人力资本投资成本和人力资本存量大小。一般来讲,人力资本投资成本大、所获得的人力资本存量高的投资主体应获得较高的投资收益,尽管人力资本投资收益分享形式多样,但人力资本价值的量化方式是决定最终收益分配的前提。人力资本收益分享是建立在现代人力资本投资、产权、基础上的,"共同投资、共同所有、收益共享、风险共担"是人力资本投资收益分享制度的基本特征。人力资本的收益具有激励效应、时滞效应、外部效应、潜在效应、长期效应和代际效应。

二、中国运动员人力资本投资

(一)中国运动员人力资本投资要素

根据本研究对运动员人力资本的定义:"特定行为主体通过对运动员的体育天赋进行投资,形成的凝聚在运动员身上并能带来未来收益的健康、技能、知识、心理、声誉等因素的价值存量”，可知运动员人力资本的构成不仅包括体能、技能、知识、心理等训练学要素，还包括声誉、影响力等社会学要素，而其核心要素是经过长期训练形成的专项竞技能力，是一种技能型人力资本。与人力资本的形成途径一样，运动员人力资本各价值构成要素的获得和提升，也是投资者、管理者、施教者、受教者等各类投资主体以特定的活动方式共同进行的一系列投资过程。根据中国竞技体育管理体制和运动员培养体系及培养方式，中国运动员人力资本投资要素主要有教育投资、训练投资、比赛投资和情感投资等。

1. 中国运动员人力资本教育投资

教育投资是提高人力资本知识存量和技能存量的主要途径。舒尔茨认为，教育是对人的一种投资，可以带给人文化上和经济上的双重效益，通过教育积累所形成的知识已成为人的一个部分，能够为人们提供一种有经济价值的生产性服务。[①] 长期以来，受中国专业运动员“三级训练网”培养体制的影响，中国运动员接受正规教育的途径比较单一。中国专业运动员的文化教育大多都是在专门从事体育教育和文化教育的专业性系统中进行的，即运动员就读的各级各类少体校、业余体校、体育中专、专业体校等是其接受文化知识教育的主要场所。众所周知，教育在人的文化学习、道德修养、个性塑造和社会成长中具有不可替代的作用，然而在各级各类体校中存在着运动员学训矛盾突出、重训练而轻教育、教学管理及质量低下、学习时间和效果难以保证等诸多问题，这严重影响了中国运动员文化知识的学习和掌握。由此可见，虽然中国运动员人力资本教育投资时间较长，一般长达十几年，但其教育投入明

---

① ［美］西奥多·W·舒尔茨:《论人力资本投资》，吴珠华等译，北京经济学院出版社，1990年，第68-92页。

显不足,投资质量不高,这在一定程度上制约了运动员人力资本的价值存量的攀升。

2. 中国运动员人力资本训练投资

运动员人力资本是人力资本的特殊形式,这种特殊性体现在运动员所具有的特殊劳动能力——专项竞技能力,专项竞技能力也是构成运动员人力资本价值的核心要素。运动员人力资本投资的直接目的就是获得高水平的专项竞技能力。竞技能力即指运动员的参赛能力,由具有不同表现形式和不同作用的体能、技能、战术能力、运动智能及心理能力构成,并综合地表现于专项竞技过程之中。① 运动员的竞技能就像装在木桶里的水,构成运动员竞技能力的各要素则是构成木桶的每一块木板,木桶中水的多少取决于最短木板的高度,这也就是我们通常所说的"木桶原理"。高品级的运动员竞技能力形成是一个漫长而又复杂的过程,在这一过程中,各投资主体采取不同的方式和手段通过训练和比赛等途径,针对运动员的体能、技能、战能和心理等要素进行长期而大量的训练投资,全面提高运动员竞技能力,使运动员人力资本价值存量不断攀升。系统训练是运动员人力资本形成的主要途径,运动员成才大多需要十多年的系统训练,而这一系统化训练过程也就是运动员人力资本的培训投资过程。运动员人力资本训练投资包括体能、技能、战术能力、运动智能和心理能力等投资。

运动员的体能是运动员人力资本形成的基础,在竞技活动中,运动员的体能水平集中表现于力量、速度、耐力等基本运动素质,而人的健康、形态及机能状态是决定其运动素质水平的基础条件。长期的体能训练投资目的在于增进运动员健康,改善其身体形态

① 田麦久:《运动训练学》,人民体育出版社,2000 年,第68–69 页。

和技能水平,不断提高运动员各项身体素质,为形成高品级的运动员人力资本奠定基础。体能训练也是田径、举重、游泳、赛艇等体能类项目的投资重点。技能训练投资是运动员人力资本投资的核心,大多数运动项目,无论是体能主导类还是技能主导类,其竞技水平主要由运动员所掌握的技能来体现。运动员通过长期的训练获得良好的体能、积累知识和参赛经验的目的就是在赛场上表现出较高的技能水平,运动员也正是运用自己专项技术的难度、速度、高度和准确度等,在比赛中超越对方或击败对手从而获取比赛的胜利。运动智能和心理训练也是运动员人力资本训练投资不可或缺的内容。运动员的比赛经验、战术能力与运动员所具有的运动知识、心理素质有密切的关系。越是世界顶尖级的高水平运动员,其丰富的比赛经验和稳定而成熟的心理素质往往成为克敌制胜的法宝,在高水平的体育比赛中战胜自己有时比战胜对手更重要。美国射击名将埃蒙斯连续在雅典和北京两届奥运会射击决赛中,都因最后一枪出现让人难以相信的、重大的低级失误而将金牌拱手让人,这一案例表明成熟稳定的心理素质在比赛关键时刻往往起决定性作用。

3. 中国运动员人力资本比赛投资

比赛是对运动员训练成果的检验,也是竞技体育与社会发生关联,并作用于社会的媒介。运动员通过训练投资获得的竞技能力,只有通过运动竞赛的形式表现出来,才能得到社会的承认,满足社会成员的需要。比赛投资是运动员人力资本投资的重要环节,比赛能促进运动员竞技能力的增长,提高运动员竞技水平,参加比赛也是运动员人力资本积累的重要途径。运动竞赛是在裁判员的主持下,按照统一规则的要求,组织与实施的运动员个体或运动队之间的竞技较量。① 比赛不仅可以检验运动员平时的训练效果和运动员所具备的竞技水平,而且运动员劳动的生产性也只有在比赛中才能得以体现,因为运动员的比赛过程就是竞技体育服务产品的生产过程。运动员在比赛中充分展现自己的竞技能力,在为观众呈现精彩纷呈比赛的同时,全力以赴获取比赛胜利或争取较好的比赛名次,以此来实现自己的劳动价值,同时创造出社会价值和经济价值。

比赛投资在运动员人力资本成长中投资较大,比赛的报名费,运动员、教练员、领队等参赛人员的差旅费,比赛组织方的投入、比赛的奖金等,都是一笔很大的开支。在各投资方中,运动员所在运动队的参赛投资是对运动员人力资本的直接投资,其目的就是通过实战比赛提升运动员人力资本的价值存量。比赛组织方和赞助方的比赛投资则是运动员人力资本的间接投资,其投资的直接目的是为体育竞赛产品的生产创造条件,以获取社会效益和经济收益。虽然各比赛投资方投资目的不同,但比赛过程对运动员人力资本价值积累和价值提升具有重要作用,具体体现在使运动员竞技能力和参赛水平提高,社会声望和影响力等无形资产价值提升。在计划经济时期,中国运动员人力资本比赛投资除了运动员自身的人力投资外几乎全部由国家承担,投资的主要目的是社会效益和政治需要。在社会主义市场经济体制下,中国运动员人力资本比赛投资目的趋向多元化,投资目的既有个人价值的实现,也有主办、赞助方追求的经济效益最大化,还有国家投资的社会效益和政治需要等。

---

① 田麦久:《运动训练学》,人民体育出版社,2000 年,第 6-9 页。

4. 中国运动员人力资本情感投资

在对人力资本的投资中，情感的投资是不可忽略的要素，人是有思想、有自我意识的高级生物，人的主观能动性直接影响到人力资本效能的发挥程度。运动员自身是其人力资本的承载者，运动员人力资本效能及其发挥程度完全由运动员控制。在现实生活中，运动员人力资本只能激励，不能压制，否则就会造成其生产能力降低。情感投资是人力资本投资方式中一种非常特殊的投资，在运动员人力资本形成过程中，各投资主体，国家和人力资本的承载者——个人都进行了长期的情感投入，特别是教练员更是对运动员投入了大量的情感和心血。良好的积极的情感投资有助于加快运动员人力资本的形成，而不良的消极的情感投资会抑制或减缓运动员人力资本的形成。

在计划经济时期形成的中国运动员培养体制下，对运动员的情感投资具有特殊性。一方面是国家投资主体从社会效益和祖国政治需要出发，在文化教育的基础上，对运动员进行爱国主义教育，树立运动训练和体育竞赛为人民服务的思想和意识。另一方面，在专业运动员"三级训练网"培养过程中，许多运动员从小离开父母，把运动队当作自己的家，运动队领导和教练员在运动员身上投入了大量的情感和心血。特别是教练员不仅负责运动员的训练、比赛，而且还照顾运动员的学习、生活和成长的各个方面，多年的学习、训练生活使得教练员和运动员形成了父子、母子般的感情，在国家队、各省市专业队有很多这样的例子，比如刘翔和孙海平多年的父子似的感情就是最好的例证。教练员的这种情感投资不同于一般的学校教育中的教师和学生的感情，也不同于国外运动员和教练员的金钱雇佣关系，而是在中国特殊的运动员培养、训练体制下形成的，具有鲜明的中国特色。可见，情感投资在中国运动员人力资本投资中占有一定的地位,是不可忽略的投资要素。

(二)中国运动员人力资本投资主体及其投入

目前,中国运动员人力资本投资具有显著的多元化特征,即使是现在的职业运动员,在其步入职业化队伍前大多都在少体校经过了一定时间段的早期训练,接受了国家的培养,而后来在步入职业化队伍后的训练和竞赛,又是所在的企业或职业俱乐部进行投资和培养,其整个运动生涯体现出多元投资的事实。在现行的体制下中国运动员人力资本投资表现为投资的主体和客体相互依存、共同作用的过程,人力资本的承载者——运动员自身既是投资的主体,又是投资的客体。中国专业运动员是由国家培养、政府管理为主的隶属于各省、市、区体育管理部门或体育事业单位以及军队、各行业协会的运动员。在这个定义中,专业运动员由国家培养,这个提法只是说明了负责培养运动员的主体是国家,并没有否认家庭、个人以及其他投资主体在培养过程中对运动员的投资。总体上讲,中国运动员人力资本投资的基本主体包括国家、企事业单位、社会团体以及家庭和运动员个人,这些投资主体在运动员人力资本形成的各个层次中发挥着不同的作用,而投资的客体就是运动员本身。由于运动员在成长的不同时期和阶段,各投资主体不同程度的参与,使得中国运动员人力资本投资结构非常复杂,形成了不同时期的多元投资模式,包括主要由国家投资的专业运动员、主要由私有企业投资的职业运动员以及主要由家庭和个人投资成才的职业运动员三种基本模式(见表3-4)。根据研究需要,本研究按投资目的将中国运动员人力资本投资主体分为国家、私有企业和个人三大类。其中国家投资主体包括各级政府体育行政部门、政府行政部门下属的行业体育协会、各相关事业单位、相关国有企业、解放军等相关部门;私有企业投资主体主要指进行了运动员培养投资的各类私有性质的企业、职业体育俱乐部以及各种私立运动学校等；个人投资主体指运动员的家庭和运动员自身。

表 3-4　中国运动员人力资本多元投资模式一览表

投资模式	成长途径	投资主体	投资特点	运动员	项目特征	代表人物
国家投资	少体校—省、市体工队—国家队	国家个人	国家为主个人为辅	专业运动员	奥运项目（田径、跳水等）	刘翔田亮
企业投资	体育学校—职业俱乐部（国家队）	企业个人国家	企业为主个 人/国家为辅	职业运动员	市场项目（足球、篮球等）	姚明孙悦
个人投资	体育俱乐部—代表国家参赛	家庭个人	完全由家庭投资	职业运动员	市场项目（台球）	丁俊晖

1. 中国运动员人力资本国家投资主体及其投入

建国以来，中国一直将竞技体育当作公共事业来进行管理和投资，在中国专业运动员"三级训练网"培养体制下，国家在培养运动员方面投入了大量的财力、物力和人力，投资数额巨大，投资面广，在投资主体中占据主导地位。中国运动员人力资本国家投资主体，具体表现为各级政府体育行政部门及其下属的行业体协、各相关事业单位、国有企业、解放军等部门。新中国成立后，中华民族面对百余年屈辱的历史和"东亚病夫"的称谓，人民强健的体魄和中华儿女在竞技赛场上的胜利无疑是当时自强形象最有力的展示，党中央充分意识到体育的重要性以及中国竞技体育与世界水平的差距已影响到国家形象的树立。在当时的经济条件和时代背景下，国家按照福利事业的框架和模式开始对竞技体育进行投入，由政府包办并采取行政运作的方式逐步建立起了中国的体育管理体制和运动员培养体系。在这样的体制和模式下，中国运动员成长的财力、物力和相关人力投资全部由国家承担，这种投资模式一直沿用到了改革开放初期。但即使在改革开放后，在竞技体育社会化、市场化取得一定成效后,中国竞技体育和运动员的培养,依然是以国家投入为主。表 3-5 是十运会期间部分省市体育经费投入情况。

表 3-5　中国部分省、市十运会期间体育经费投入情况一览

省、市	年度体育经费(亿元)	十运会专项经费(亿元)
北京市	4.2	2.0
广东省	4.0	2.8
上海市	3.5	1.7
江苏省	3.3	2.7
山东省	3.0	1.7
辽宁省	1.1	0.8

注:此表根据互联网上搜索到的数据和资料整理而成

从国家角度看,国家投资运动员人力资本所关心的是通过该投资能够达到的社会效益,投资的根本目的是追求社会效益的最大化。中国投资竞技体育,对内满足社会生活需要,满足人民日益增长的物质和精神文化生活需要,并通过竞技体育的示范作用发展体育运动,增强人民体质,促进社会进步;对外服从国家政治需要,通过体育健儿在国际大赛上的优异成绩展现民族精神,塑造国家形象,提升国际声望和地位等。中国运动员人力资本国家投资成本主要是物资投入,包括投入大量的物力、财力、人力以及制度建设等。由于中国投资培养的运动员数量庞大,单个运动员投资失败不会影响到竞技体育的整体发展,因此中国投资运动员人力资本风险不高。中国投资运动员人力资本在一定程度上出于社会和政治的需要,投资的资金来源于国家财政,即来自于全体纳税人,投资的机会成本被全社会共同承担。形成于计划经济时期的竞技体育举国体制,使得由政府包办并采取行政运作的运动员人

力资本投资方式具有较强的优势。中国运动员人力资本国家投资主体的劣势在于投入和产出效率不高,难以保证运动员的全面发展,并且排斥和阻碍社会资本的投入,不利于中国竞技体育社会化、市场化。计划经济时期形成的举国体制和中国不完善的市场经济为国家投资运动员创造了条件,即使在改革开放后竞技体育社会化、市场化取得一定成效后,中国专业运动员的培养依然是国家投入为主。

2. 中国运动员人力资本私有企业投资主体及其投入

人力资本的重要功能是提高受用者的经济价值,企业是社会财富的主要生产部门,人力资本的巨大需求来自企业和知识生产部门。① 企业是具有独立权益的经营实体,企业投资运动员人力资本的根本目的是追求单位效益的最大化,并注重投资的效果和产出率,利润永远是企业追求的第一目标。人力资本投资主体是人力资本投资的出资方和使用人力资本的获益方,中国运动员人力资本私有企业投资主体主要包括进行了运动员培养投资的各类私有性质的企业、职业体育俱乐部以及各种私立运动学校等。与国家和个人投资主体相比,私有企业对运动员人力资本投资的范围小、形式比较单一。在计划经济时期,中国运动员培养过程不存在私有企业投资这一主体,改革开放后中国经济体制逐步向市场经济转轨,伴随着竞技体育的社会化、市场化发展,大量的社会资本和私有资本开始进入到中国竞技体育领域,中国运动员投资和培养也趋于多元化。

中国私有企业投资运动员人力资本主要是通过职业体育俱乐部和各类私立体育学校的形式来实现的,其投入的物力、财力、人

---

① 朱必祥:《人力资本理论与方法》,中国经济出版社,2005 年,第 138 - 140 页。

力等要素是提高运动员人力资本的直接投资。目前中国存在的职业体育俱乐部有三种类型,即国有企业投资型、国有企业与政府合办型和私有企业股份制型,其中的国有企业投资型、国有企业与政府合办型两类职业体育俱乐部在中国所占比例较大,在本研究中仍划分为中国运动员人力资本国家投资主体部分,因为其投入最终也是由国家所承担的。而私有企业股份制职业体育俱乐部和各类私立运动学校都由私人投资兴办,投资培养运动员的资金全部由私人承担,这些企业是具有独立的法人资格和独立权益的经营实体,其投资运动员人力资本最终是以赢利为目的,以利益最大化为投资原则。随着中国市场经济机制的不断健全,以股份制经营为主其他经营方式为辅的俱乐部运行机制是中国未来职业体育俱乐部的发展模式,企业投资也将更多地以入股的形式出现。中国各类私立运动学校大多由退役的著名运动员兴办,是以赢利为目的从事运动员培养的单位,如北京的宋晓波篮球学校、广东佛山的李宁体操学校等。这些学校前期的创办资金主要由私人投入,而生存和赖以发展的资金则由学员的学费、社会和企业的赞助以及政府提供的一些扶持资金等构成。由于中国运动员人力资本私有企业投资过程存在着许多不可控因素,其投资具有一定的风险,投资机会成本高。但是运动员人力资本私有企业投资是中国运动员培养体系的有力补充,必将随着中国竞技体育市场化、职业化的进程不断发展。社会资本和私有资本投资运动员的优势在于极大地拓宽了中国运动员的培养渠道,使中国运动员的投资和培养趋于多元化,推动了竞技体育社会化、产业化进程,这种投资模式也是西方发达国家通行的做法,往往具有较高的投资效益。由于举国体制下政府对体育事业规制过多,加上中国体育产业化基础薄弱,社会资本和私有资本投资运动员的劣势在于投资范围较小、形式单一。

3. 中国运动员人力资本个人投资主体及其投入

人力资本理论是研究社会经济运行中人的自身价值的理论，人力资本是现代经济的第一生产要素。运动员人力资本就是通过对运动员的投资，形成的凝聚在运动员身上的健康、技能、知识、心理、声誉等因素的价值存量，其核心价值要素就是运动员所具备的专项竞技能力。投资运动员人力资本的过程就是培养运动员的专项竞技能力以及提升运动员自身价值的过程。在运动员人力资本的形成过程中，运动员既是运动训练和体育竞赛的主体，又是运动技能的直接承担者；在运动员人力资本投资中，运动员自身既是投资的主体，又是投资的对象或客体。中国运动员人力资本个人投资主体包括运动员的家庭和运动员自身，在中国现行的教育体制、社会福利制度下，家庭作为社会的基本单位之一，是中国运动员人力资本投资的重要承担者和受益者。中国运动员的培养采取自下而上逐级提高的方式，在运动员人力资本形成的初始阶段，由于青少年运动员基本不具备独立的经济能力，父母除了对孩子进行正常的家庭、生活、社会以及伦理道德教育外，还担负着运动员成长过程中早期的教育、健康、参加运动训练等数目庞大的支出。这些支出一般由运动员的父母和家庭成员中的长辈来承担，他们投入了大量的资金、时间和精力配合其他投资主体共同完成对运动员的培养。改革开放后，在后备人才培养社会化思想影响下，为弥补训练经费的不足，中国三级训练网的较低层次，也对运动员开始收费，基层体校的在训学生基本上都要交纳费用，省体工队二线队员也要收取一定的训练费。在专业运动员人力资本的形成中，运动员家庭也承担了一定的经济成本。由此可见，中国运动员人力资本家庭投资主体是不可忽略的重要投资主体。

在中国,集运动员人力资本投资主体、客体于一身的运动员个人,尽管其在所有的投资主体中投入的物力和财力有限,但却是运动员人力资本的决定性投资主体,在所有的投资主体中处于核心地位,这是由人力资本的最本质性特征——人身依附性所决定的。人力资本不可脱离其承载者而独立存在,这是人力资本与其他任何形式的资本间最重要的区别。同时人身依附性特征也揭示出人力资本是一种能动的活资本,也就是说运动员的主观能动性对其人力资本的形成具有直接的决定性作用。如果其他投资主体在投资过程中出现了违背运动员自身意愿的行为,那么运动员人力资本的积累中就会出现"出工不出力"的现象,甚至会自动封闭,使其他投资主体的投资失效。长期以来,特别是在计划经济时期,由于中国特殊的时代背景和封闭式的运动员培养模式,在运动员人力资本形成过程中,运动员自身巨大的投入往往被忽略。社会上普遍的看法是中国专业运动员完全由中国政府出资培养,各级政府体育行政部门基本掌握着运动员的一切权益,运动员也被看做是归国家所有,这种思想即使在现阶段也在一些人的脑海中根深蒂固。在现代社会,科学技术成为第一生产力,而掌握科学技术的人,即高品级的人力资本是现代经济的第一生产要素。党中央号召我们建设以人为本的和谐社会,在这样的时代背景下,人们应该深入了解和正确看待运动员自身在其人力资本形成过程中的巨大投资。在运动员人力资本投资中运动员自身投入包括时间投入、劳动投入、精神投入、经济投入以及投资的机会成本等。对于人力资本形成过程中运动员自身的付出情况,本研究问卷调查显示,在多年的训练、参赛过程中运动员在许多方面付出很多。运动员认为自己付出最多的几个方面依次是体力、精力、青春、财力、健康等,中国运动员对各项付出程度看法也不尽相同,具体调查情况见

表 3-6。

表 3-6　中国运动员在多年的训练、参赛过程中自身付出情况
调查表($n=308$)

备选项	付出较多		付出一般		付出较少		频数总计
	频数	百分比	频数	百分比	频数	百分比	
精力	279	94.3	15	5.1	4	1.4	298
体力	291	94.5	17	5.5	0	0	308
智力	129	47.8	133	49.3	58	21.5	270
财力	182	41.6	77	25.1	49	15.9	308
物力	168	58.3	64	22.2	56	19.5	288
健康	173	57.5	100	33.2	45	14.9	318
自己的青春	211	75.1	53	18.9	34	12.1	298

在运动员人力资本投资中,时间作为一种稀缺性资源,自然成为运动员人力资本积累和形成的重要因素之一。运动员的运动技能是人体内一种复杂的、连锁的、本体感受性的条件反射,这些条件反射的形成和巩固需要一定时间量的积累。中国运动员从开始从事训练到成为一名优秀运动员平均需要 10 年左右的时间,而从成才到退役的时间段大约为 6～13 年,大多数运动员的整个职业生涯的时间在 20 年左右。[①]

运动训练和参加比赛是运动员人力资本生产的主要方式,在运动员约 20 年的职业生涯中,其劳动投入和精神投入是巨大的。运动员为了不断提升其人力资本各要素的价值存量,需要多年不间断地反复从事各种身体操作练习,训练生活单调、乏味,并且还要承受常人难以承受的高强度、大运动量的训练负荷,并以顽强的

----

① 田麦久:《运动训练学》,人民体育出版社,2000 年,第 322－330 页。

毅力克服肌体训练的疲劳和比赛的精神压力,通过对自身机体的改造使竞技能力提升,人力资本存量增加。运动员自身的经济投入早期主要由家庭支付,在运动员人力资本形成的积累阶段和显效阶段一旦其获得经济收入后就由自己支付。

　　竞技体育是一个竞争残酷的行业,投资培养运动员成才率极低,任何一个项目、任何一次比赛,只有极少数的优秀运动员能够站在竞技体育金字塔的塔尖。中国为实施奥运战略,如果狭义地以获得金牌为成才的标准,4 年中奥运人才队伍大约为 7688 人,用中国在悉尼奥运会金牌数计算,则成才率仅为 3.6‰,如果以全国的业余训练运动员为基数,则成才率仅为十万分之 4.7。① 由此可见,个人选择投资运动员人力资本投资失败的可能性很大,再加上训练和比赛过程中的运动员伤残因素以及投资收益的不确定性等,使得投资运动员人力资本存在着很大的风险。

　　个人选择从事运动员职业就要在一定程度上放弃文化知识和其他劳动技能的学习机会,即因专业训练而影响文化知识和其他劳动技能的学习与掌握是运动员最大的机会成本,因为正规教育或其他劳动技能未来的收益,可能会超过运动员职业的收益。由于训练和比赛占据了运动员绝大部分时间和精力,运动员文化学习不足,其较低水平的文化知识水平不但影响了运动员的自身素质,而且缺乏其他的劳动技能势必成为运动员退役后的职业转换和再就业的障碍。中国运动员人力资本个人投资既有时间和劳动的投入,又有物质和精神的投入,投资风险大,机会成本较高。图 3-3 展示了中国运动员人力资本投资主体及其投入结构。

---

① 国家体育总局人事司:《全国体育系统人才状况调研数据研究成果汇编》,2007 年,第 169 页。

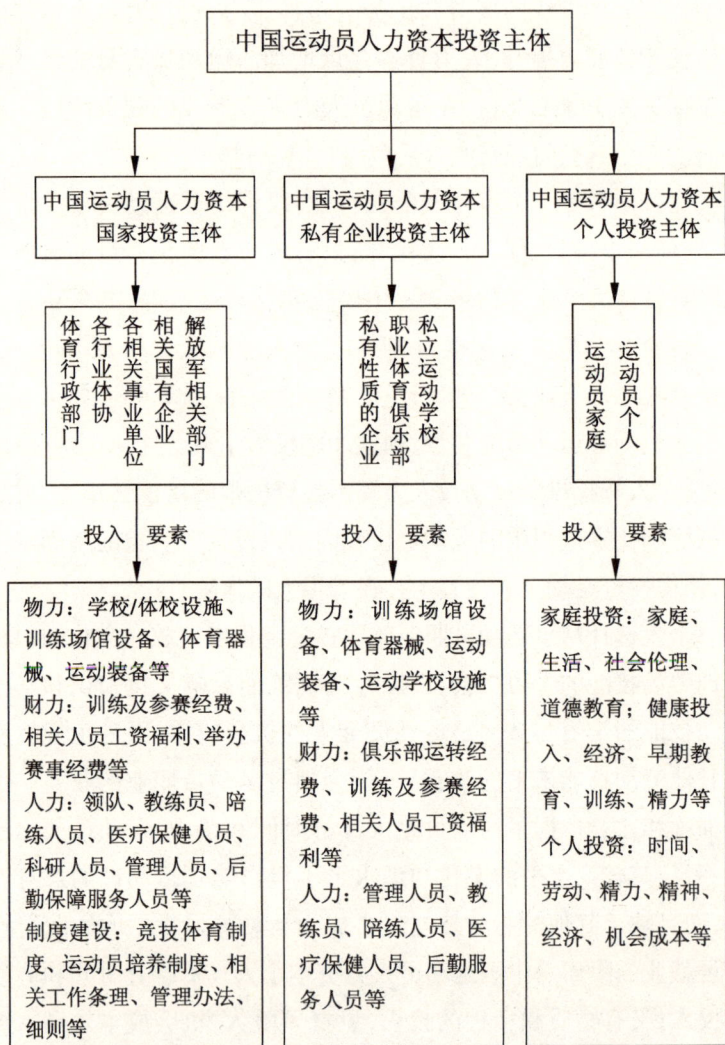

图3-3 中国运动员人力资本投资主体及其投入结构

中国运动员人力资本投资主体

- 中国运动员人力资本国家投资主体
  - 体育行政部门
  - 各行业体协
  - 各相关事业单位
  - 各相关国有企业
  - 相关部门
  - 解放军相关部门
  - **投入要素**
    - 物力：学校/体校设施、训练场馆设备、体育器械、运动装备等
    - 财力：训练及参赛经费、相关人员工资福利、举办赛事经费等
    - 人力：领队、教练员、陪练人员、医疗保健人员、科研人员、管理人员、后勤保障服务人员等
    - 制度建设：竞技体育制度、运动员培养制度、相关工作条理、管理办法、细则等

- 中国运动员人力资本私有企业投资主体
  - 私有性质的企业
  - 私立运动学校
  - 职业体育俱乐部
  - **投入要素**
    - 物力：训练场馆设备、体育器械、运动装备、运动学校设施等
    - 财力：俱乐部运转经费、训练及参赛经费、相关人员工资福利等
    - 人力：管理人员、教练员、陪练人员、医疗保健人员、后勤服务人员等

- 中国运动员人力资本个人投资主体
  - 运动员家庭
  - 运动员个人
  - **投入要素**
    - 家庭投资：家庭、生活、社会伦理、道德教育；健康投入、经济、早期教育、训练、精力等
    - 个人投资：时间、劳动、精力、精神、经济、机会成本等

总而言之,中国运动员人力资本各投资主体在运动员人力资本形成的各个阶段分别投入了不同的要素,并发挥出了相应的作用。对于中国运动员人力资本形成过程中各投资主体具体的投入

情况,由于投资持续时间长,人力资本形成过程复杂,投资主体部门不断变换,是很难做到准确计算的。表 3-7 是中国部分项目专业运动员人力资本形成不同阶段个人和国家大概的投资情况,表中的调查数据表明,在这些项目运动员人力资本的形成中,国家的投入远远大于个人的投入,对国家队运动员的投入因运动项目的不同其投入差异明显,国家和个人对同一项目不同性别运动员投入方面差异不明显,国家对明星运动员的投入高于一般优秀运动员。据不完全统计,2007 年,国家投资刘翔的各项花费大约超过 300 万元,其中包括超过百万元的环保型塑胶跑道,30 多万元一套的新式跨栏等。北京奥运会后,国家体育总局局长刘鹏首次透露国家每年对体育的投资为 8 亿元,如果以北京奥运会获得的 51 枚金牌平均计算,则每枚金牌的投入约 1570 万元,以 100 枚奖牌计算,每枚投入为 800 万元。可见,在中国现行的竞技体育举国体制下,国家对专业体制下成长起来的运动员投资数额巨大,在所有投资主体中占据主导地位。

表 3-7　中国部分运动员人力资本形成中个人、国家投入情况

单位:万元/年

运动项目	体工队前		体工队		国家队		投入合计	
	个人投入	国家投入	个人投入	国家投入	个人投入	国家投入	个人投入	国家投入
田径（男/女）	0.55	1.43	0.23	3.65	0.15	10	0.93	15.1
篮球（女）	3.75	5.75	1.35	3.25	6.25	12.5	11.4	21.5
散打（男）	3.5	3.4	3.5	4	4.25	15	11.3	22.4
散打（女）	2.75	3.5	2.5	6.5	0.58	12.5	5.83	22.5

续表

运动项目	体工队前		体工队		国家队		投入合计	
	个人投入	国家投入	个人投入	国家投入	个人投入	国家投入	个人投入	国家投入
网球(男)	2.25	2	2.5	4.5	0.6	32.5	5.35	39
网球(女)	0.13	2	0.04	4.5	6.5	40	6.67	46.5

注:此表数据来源于上海大学程杰老师的《我国优秀运动员人力资本投资与收益研究》(2006年国家体育总局社会科学研究项目,项目编号:52SS06084)

本 章 小 结

本部分研究以中国运动员人力资本投资为切入点,在深入剖析中国竞技体育管理体制、专业运动员培养体制及其途径变迁的基础上,结合人力资本形成的机制、条件、途径和人力资本投资等基本原理,全面研究了中国运动员人力资本形成、投资过程及其投资要素和投资主体等理论问题。研究认为:运动员人力资本形成是其内生和外生因素共同作用的结果,以运动员专项竞技能力为核心的劳动能力是形成运动员人力资本的自然基础和根源,而各投资主体多年坚持不断地投资是其形成的外在条件,而且这种投资只有作用于合适的载体才能形成高级劳动力进而转化为运动员人力资本。在中国,当运动员的特殊劳动力成为商品,可以进入市场进行交换,以及运动员的竞技能力成为投资的产物并且可以分享经济剩余时,具备一定运动技能的运动员劳动力就转化为运动员人力资本。中国运动员人力资本的价值形成是多元化投资的结果,其形成过程具有长期性、连续性、阶段性和动态性等特点,形成阶段包括初始、积累和显效三个阶段。中国运动员人力资本投资要素主要有教育投资、训练投资、比赛投资和情感投资等，投资具有显著的多元化特征，投资主体可分为国家、私有企业和个人三大类。其中国家主体投资数额巨大，投资面广，在投资主体中占据主导地位，其投入风险不高，投资的机会成本被全社会共同承担。私有企业主体对运动员人力资本投资范围小、形式单一，投资具有一定的风险，投资机会成本高。运动员自身是运动员人力资本的决定性投资主体，在所有投资主体中处于核心地位，个人投资主体既有时间和劳动的投入，又有物质和精神的投入，投资风险大，机会成本较高。

第四章

中国运动员人力资本产权

第一节 产权理论与人力资本产权

一、产权基本理论

产权问题是全部经济学的最基础问题,是所有制的核心和主要内容。社会主义所有制的建立、巩固和发展,市场经济的全部活动,都是以产权为基础,并围绕产权这个核心问题展开的。[①] 产权理论起源于资源的稀缺,逐利的动机是产权产生的内在驱动力。经济学家诺思认为,当资源相对于不断增加的人口而变得相对不足时,建立起排他性的产权就成为必要。[②] 产权不仅属于法学的基本范畴,也是经济学的基本范畴之一,产权问题是全部经济学的最基础问题。关于产权的概念在理论界至今尚未得到统一的认识,在最具权威性的经济学辞典《新帕尔格雷夫经济学大辞典》中,著名的产权经济学家阿尔钦将产权定义为"一种通过社会强制而实现的对某种经济物品的多种用途进行选择的权利"。关于产权的内涵,中国的法学家和经济学家对此仍有不同的看法,主要存在着以下两种观点。

第一种观点是把产权等同于所有权。持这种观点的人把所有

---

① 岳福斌:《现代产权制度研究》,中央编译出版社,2007年,第1-4页。
② 诺斯:《经济史中的结构与变迁》,上海三联书店,1994年,第22页。

权作为产权的逻辑出发点,在对西方产权理论展开评价和批判的同时,分析中国经济社会中的问题。这些学者认为,产权作为关于财产的权利,最根本的基础和核心就是所有权,可以从人对资产的占有隶属关系来理解的狭义所有权。马克思也认为,产权是以法律形式存在的所有权。可以说上述学者的观点是一种最狭义的产权定义,在中国引入产权理论的初期,这种观点曾十分流行。

第二种观点认为产权有别于所有权,并且具有比所有权更宽泛的内涵,后来这种观点引起了人们的广泛关注。持这种观点的学者认为,产权与所有权有不同的内涵。所有权是一个比较久远的概念,产权则是近代随着制度经济学的产生而兴起的,两者有相近的含义,也有较大的区别。所有权就是对资产的排他性隶属权利,直接确定的是财产的归属关系,是对财产的一种权利状态或权利结果,是产权的不同形式的权能综合作用于一定财产归属关系上的反映,是一种抽象的存在,所有权并不构成单一形式的财产权能。而产权则是一个包含所有权在内但远比所有权内容宽泛的范畴,除了所有权,它还包括占有权、使用权、收益权以及处置权等一组权利。产权不仅包括产权行为主体可以行使的各种权利,而且还包括不可行使的权利。当产权的一组权利完整地集中于一个主体时,就相当于所有权,即这时从狭义上讲产权与所有权在概念上是重合的,而当完整的产权一经分解,就不再与所有权有对等的关系。在理论界,持这种观点的人占多数。

综合国内外众多经济学家对产权内涵的不同认识,人们普遍认为产权不是物,也不是指人与物之间的关系,而是指由物的存在及关于它们的使用所引起的人们之间相互认可的行为关系,是一系列用来确定每个人相对于稀缺资源使用时的地位的经济和社会关系。产权不仅是人们对财产使用的一束权利,而且确定了人们

的行为规范,在一定的社会制度中得以体现。基于以上的分析,可以对产权的内涵做以下概括:

首先,产权是与财产有关的、具有排他性的权利。产权的排他性决定了特定的权利主体只能是一个,也就是排除任何非权利主体对产权的占有和使用。但是产权的排他对象是多元的,即一个主体可以拥有多项产权,一项特定的权利只能归属于一个主体。产权虽然与排他性有关,但并不等于所有的产权就必然是排他性产权。

其次,产权是一种行为权利,是界定人们行为关系的一种规则。产权是一种社会工具,其重要性就在于事实上能够帮助一个人形成与其他人进行交易时的合理预期,这种预期通过社会的法律、习俗和道德得到表达。产权很重要的一点就是产权包括一个人或其他人收益或受损的权利,规定人们可以做什么,不可以做什么,产权所表现出来的行为规则,实质上是交易主体之间的权、责、利关系。

再次,产权是可以进行交易的权利,是能够流动或可让渡的权利。产权意味着经济上的价值,因此是可以交易的。在市场交易中,当产权拥有者认为不再需要拥有或者非拥有者认为需要拥有某项时,产权是可以流动并在各交易主体之间相互让渡,从而实现资源的高效率配置。任何产权,都必须是有边界、可计量的权利。否则,既不可能把特定产权从其他产权中分离开来,用于交易,也不可能在交易过程中对产权进行有效计量。

最后,产权是具有可分性的权利,表现为一束权利的组合,完备的产权应该包括关于资源利用的所有权利。产权在横向上可以分解为占有权、使用权、收益权、处置权等,在纵向上也可以分解为出资权、经营权和管理权等。从产权的存在方式上,还可分为价值形态的产权和实物形态的产权。产权分解的必要性取决于生产力的发展和生产关系的矛盾规律,产权的分解是社会分工的发展在产权权能行使方面的具体体现。

从以上 4 个方面来界定产权的内涵,对于理解和把握产权交易非常重要。第一,因为产权交易是由产权的内在属性决定的,产权的排他性是产权交易的首要前提,没有明确权利主体的产权是不可能拿去交易的;第二,产权能够流动或可出让,使产权交易实际上成为可能;第三,正因为产权是可分的,所以人们不仅将产权作为整体来出让,也可以将其分割为部分甚至一个个单元来出让;最后,由于产权是有边界、可计量的对象,使得它在交易过程中具有实际可操作性。

二、人力资本产权

(一) 人力资本产权的概念及涵义

现代西方经济学认为,资本采取物质资本和人力资本两种形态,所以资本产权可以划分为物质资本产权和人力资本产权。关于人力资本产权的概念,国内一些学者从不同的角度进行了概括,其中黄乾的概念比较有代表性:人力资本产权是市场交易过程中人力资本所有权及其派生的使用权、支配权和收益权等一系列权利的总称,是制约人们行使这些权利的规则,本质上是人们社会经济关系的反映①。本研究从产权的经济学和法学本质两方面分析,认为人力资本产权有广义和狭义之分。从广义来看,所谓人力资本产权是指人力资本的所有者拥有的,具有人力资本的占有权、使用权、收益权、处置权等一系列人力资本权利所组成的权利束。人力资本产权界定了人力资本经营中人力资本所有者之间的关系

---

① 黄乾:《论人力资本产权的概念、结构与特征》,《江汉论坛》,2000 年第 10 期。

以及人力资本与其他资本所有者之间相应的规则,均由国家法律予以确认和保障。从狭义来看,所谓人力资本产权就是指人力资本所有权。在本研究中,主要从广义的人力资本产权来研究中国运动员人力资本产权及其制度。人力资本产权包含着人力资本投资、人力资本使用和人力资本收益的过程中的一系列经济关系,人力资本产权作为一种经济权利,与物质资本产权同样参与社会的生产过程、分配过程以及消费过程。① 在现实的经济生活中,人力资本产权本质上是人们社会经济关系的反映。人力资本产权是个产权束概念。它既是一个"总量"概念,即产权是由许多权利构成的,包括占有权、使用权、收益权、处置权等,又是一个"结构"概念,即不同的排列与组合决定产权的性质及其结构,揭示了产权的排他性、可让渡性、可分割性和收益性等。分析人力资本产权束的构成及其特点,有利于推进人力资本产权制度的建设。

(二) 人力资本产权的性质

人力资本由于其产权主体行为的动态性和人力资本与人力资本产权主体的不可分离性而较难确定,因而表现出许多与物质资本产权不同的性质,主要表现在以下方面:

1. 人力资本承载者本人的意志和行为对人力资本产权关系实现的影响。人力资本承载者本人的意志和行为以及其他个人因素,都会对人力资本产权的各种关系及其实现过程产生重要的影响。这一影响不仅使人力资本产权关系的规范及其运行与实现过程变得更为复杂,而且还直接决定和影响着人力资本效能的实现程度。人力资本的价值随不同的地点、时间、场合和不同的人而具有很大的差别。这意味着,人力资本产权是主动性的产权。

---

① 李建民:《人力资本通论》,上海三联书店,1999 年,第 52 页。

2. 现实中存在的信息不对称、未来的不确定性、人的有限理性、人的预期和结果受外界干扰产生的不完全一致性、广泛的社会分工导致了人力资本的专用性及人力资本的团队特征,所有这些因素必然影响到人力资本所有者的行动,再加上受多种环境条件的限制,最终影响到人力资本所有者对产权安排的决策。

3. 人力资本承载主体与其他所有者的矛盾。由于在人力资本产权关系中,人力资本的承载主体是人力资本的当然所有者,而由于这种特别地位使人力资本的承载主体与人力资本其他投资者之间必然存在着矛盾,从而使人力资本产权关系复杂化。

（三）人力资本产权的特征

人力资本产权,作为产权集合中的一员,首先自然具有产权的一般属性。

1. 普遍性——围绕各类物质或非物质对象的权利关系在经济社会中无时不有、无处不在,人力资本产权的各项权利普遍存在于经济社会生活当中。

2. 排他性——对于特定权利主体的唯一性、垄断性或相对其他主体的排他性。排他性的存在,使得人力资本产权主体可以拿产权去进行交易,因此排他性是人力资本产权可交易的基础。

3. 确定性——产权的内容一定,产权之间、权能之间具有明确的界线。人力资本产权的分解要求准确界定各主体之间的产权关系。

4. 交易性——产权整体的或部分的可转让性。人力资本产权可交易性是人力资本流动的具体表现形式,人力资本可交易性的重要意义在于调整人力资本产权格局所既定的结构效率。

5. 分解性——产权的各项权能可以分解开来,分属不同主体支配。人力资本产权的分解与人力资本效率的关系是密切的,不分解的人力资本产权是一种封闭式的产权,而人力资本产权的分解为人力资本的流动、配置和使用等创造了条件,将大大提高人力资本的使用效率。①

相对于其他形式的资本,人力资本产权除了具有一般资本产权的共性外更有其特殊性。这些特殊性主要表现在人力资本产权主体的责任、权利、收益等方面,其特殊性主要表现在以下几个方面。

1. 承载者占有人力资本所有权的天然性

人力资本存在于承载者的身体之中,与人体不可分离,人力资本不能脱离承载者而独立存在,这决定了人身依附性是人力资本的本质属性,因此,人力资本所有权只能由其承载者天然独自占有。

2. 人力资本实际使用者的唯一性

人力资本使用权享有一方不能直接使用人力资本,而只能通过人力资本承载者来实现使用人力资本的目的。人力资本非承载者虽然享有人力资本使用权,但行使的只是人力资本名义使用权,但却不能行使实际使用权,人力资本实际使用权只能由承载者行使,具有唯一性。

3. 人力资本产权的"残缺"性

人力资本产权可以由一组或一束产权构成,也可以是单一产权。对于非人力资本产权而言,投资者享有完备的产权,即享有所有权、占有权、使用权、收益权和处置权等全部权能。但对于人力资本产权来说,非载体投资者所享有的人力资本产权是不完备的,人力资本产权发生了"残缺"现象,即不享有占有权,只享有使用

① 王建民:《人力投资生产制度研究》,南开大学经济研究所,1999年,第26-29页。

权、收益权、处置权和一部分所有权。

4. 所有者利益的不确定性

由于人力资本价值难以确定,其价值在不断变化之中,且其价值只能"事后"确定,再加上缺乏度量人力资本价值的信号和标准,人力资本的价值就成为其载体的私人信息,很难真实准确确定,所以人力资本所有者的权益具有不确定性。

(四) 人力资本产权的功能

产权的功能也就是产权对于社会经济关系和经济运行的作用,产权总是体现一种关系和一种制度安排或结构安排。产权具有稳定经济基础、提高微观组织活动效率、促进资源合理配置与有效使用、激励、约束和规范主体经济行为等功能。人力资本产权是对人力资本这种特定财产的界定,也同样具有多种功能。

1. 激励功能

激励功能基于产权的利益内容。产权的内容包括权能和利益两个不可分割的方面,任何一个主体,有了属于他的产权,不仅意味着他有权做什么,而且有获得收益的权利。有效的激励就能充分调动主体的积极性,使其行为的收益或收益预期与其活动的数量和质量相一致,即与其努力程度相一致。人力资本产权能够切实维护人力资本所有者的权益,对于调动劳动者的积极性、主动性、创造性和工作热情无疑具有直接的意义。人力资本投资的激励机制主要是人力资本产权制度,人力资本产权能激励人力资本投资。人力资本投资与其他投资决策一样,其目的是为了追求利益,收益是人力资本投资的决定性因素,收益的获得需要产权制度的保障。

2. 约束功能

产权制度对经济行为人的活动有约束作用,约束是一种反面

的激励,约束与激励是相辅相成的。我们知道,产权关系既是一种
利益关系,又是一种责任关系。从利益关系方面来说是一种激励,
从责任关系方面来说则是一种约束。产权对行为人的约束表现为
产权的责任约束,即在界定产权时,不仅要明确当事人的利益,而
且要明确当事人的责任,使他明确应该做什么,不应该做什么,使
他知道侵权或越权的后果或所要付出的代价。如此一来,产权主
体或当事人就会自我约束,这是内部约束。另外还有外部约束,即
外部监督,比如机构或股东对经理的监督。通过外部监督,可以强
化内部的自我约束,使当事人遵守产权规则。这样,产权约束能规
范行为人的交易行为,对于经济的有序运行和发展将起到重要
作用。

3. 资源配置功能

人力资本产权具有资源配置的功能,相对于无产权或产权不
明晰而言,设置人力资本产权就是对人力资源的一种配置,使人力
资源找到在经济关系中的"位置"。人力资本产权总是客观地具
有配置资源的功能,而功能是否优化,关键在于这种配置能否提高
和调动人力资本载体的积极性。人力资本配置在一定程度上是人
力资本产权在各经济主体之间的分配,它们的调整和变化使得人
力资本的配置格局发生变化,包括人力资本的流向和流量等。人
力资本产权具有交易性,且交易是不同产权主体之间进行权利与
权利的交换,其目的是使双方的边际成本等于边际收益,从而实现
人力资本的最优配置,因此这种交易过程实质是人力资本流动和
配置的过程。

4. 收益分配功能

人力资本产权之所以具有收益分配功能,是因为人力资本产
权本身包含着利益内容,并是获取各种形式收入的依据。人力资

本的分配功能主要体现在以下几个方面:一是人力资本产权在不同主体之间的划分,本身就是收入或获取收入手段的分配。二是人力资本产权是人力资本载体获得收入分配的基础。对生产的结果进行分配的依据是按各种生产要素的不同产权进行分配,谁是生产要素的产权主体,谁就获得相应的收入,产权越多,分得的收入越多。三是人力资本产权的界定和明晰有助于收入分配规范化。对人力资本产权的划分和明确也就是对收入或收入依据的划分和明确,只要对人力资本产权界定明确,相应的收入分配就是规范的,收入也就得到了保护。

5. 外部性内部化功能

福利经济学的外部性理论是微观经济学的一个组成部分。人力资本产权的合理安排有助于外部性内部化,进而使私人收益率接近社会收益率。在现实世界中,存在着经济行为人不通过市场价格机制而直接地影响他人的经济利益和经济环境的现象,即某一经济主体的活动给别的主体造成损失或使其增加成本,却无需承担责任,这就是所谓的外部经济效应。外部效应的存在,表明私人边际成本与社会边际成本的不一致性,换个角度说,也就是私人收益率与社会收益率不一致。外部效应将使市场机制的调节后果达不到资源的最优配置状态,甚至使市场机制手段严重失灵。克服外部效应最基本的、最有效的方式就是通过产权制度的合理安排以市场交易方式来克服外部性,使外部性内部化。现实经济生活中在收益大于成本的前提下,通过产权的合理界定消除外部效应,从而在最大化个人效用的条件下避免了外部性对经济效率的不良影响,人们的劳动创造热情才会被激发出来,促进经济增长。

第二节　中国运动员人力资本产权

一、运动员人力资本产权

（一）运动员人力资本产权的概念及涵义

运动员人力资本是通过对人的体育天赋进行投资培训而形成的专项体育技能，其主要内涵是凝结在运动员身上具有经济价值的并能带来未来收益的健康、技能、知识、心理、声誉等因素的价值存量。同物质资本一样，运动员人力资本同样具有产权。根据人力资本产权广义的定义，结合运动员人力资本的特殊性，我们将运动员人力资本产权定义为：是投资主体对投资所形成的运动员人力资本所拥有的一系列具有经济价值的权利总称，包括占有权、使用权、收益权、处置权等，是制约人们行使这些权利的规则。运动员人力资本产权界定了在市场交易中运动员人力资本所有者之间的关系以及人力资本与其他资本所有者之间相应的规则，运动员人力资本产权本质上是人们社会经济关系的反映，包涵以下基本涵义。

1. 运动员人力资本产权必须与交易相联系，并在市场交易过程中得以体现。制度经济学确立产权概念的目的是为了交易的需要，如果没有产权的划分和界定，市场交易就不可能进行。同时如果没有市场交易，人们也根本不需要产权的确定和保护，可见产权与交易是人类经济活动最基本的要素，产权是交易的基础，可交易性是人力资本产权的内在属性。运动员人力资本是通过各行为主体有目的、有计划的投资活动形成的，能够在未来获取收益是各行为主体投资的主要目的。收益性是运动员人力资本产权实现的集中体现，运动员人力资本投资主体为了能够获得预期的收益，就必须使运动员人力资本进入市场，通过运动员转会、流动、从事体育生产获得报酬以及参与剩余价值的分配等方式进行价值交换。在市场里完成交易，运动员人力资本价值才能实现，而只有围绕运动员人力资本进行交易的各权、债主体发生改变时，运动员人力资本产权的各项权能才能得以体现。

2. 运动员人力资本产权是一种行为权。科斯认为，人们对生产要素的传统理解是错误的，人们通常认为商人得到和使用的是实物，而不是行使一定、实在的行为权利，然而生产要素本质上是人们的一种行为权利，即人们使用或经营生产要素并获得相应报酬的权利。人力资本产权的真正价值在于它为人力资本产权主体所提供的与人力资本相关的一组行为权利，这组行为权力是人力资本产权主体的意志体现。产权经济学家认为，交换的价值不是物品、服务的交换，而是一组权利的交换。① 在运动员成长的各个阶段，各投资主体以不同的方式投入了形成运动员人力资本所必需的各类生产要素，而这些生产要素本质上是各投资主体的一种行为权利，即使用或经营生产要素并获得相应报酬的权利。按照经济学"谁投资，谁所有，谁收益"的原则，运动员人力资本的投资者必然拥有运动员人力资本相应的权利，并在运动员人力资本的市场交易过程中得以体现，由此可见，运动员人力资本产权实质上是一种行为权，表现为交易主体之间的权、责、利关系。

3. 运动员人力资本产权是反映人与人之间社会经济关系的范畴，是对不同利益主体之间的权益关系进行界定和调整的制度规范。人力资本产权是由于人力资本的使用价值和稀缺性价值而引起的一种行为权利的规范，即对人们行为边界的界定。在运动

---

① 张军:《现代产权经济学》，上海三联书店，1989 年，第 4 页。

员人力资本的交易和使用中,运动员人力资本的所有者和其他货币资本、物资资本的所有者围绕各自的经济利益和目标效益形成了一种复杂的关系,产权就确定了各行为主体在相互间发生关系的行为边界,它一方面规定了两者发生关系的方式,另一方面确定和明晰了各方责、权、利的归属。在市场交易过程中,运动员人力资本产权与物资资本产权共同规定了人们可以干什么,不可以干什么,界定了在既得利益下的损益得失,以及随之而来的赔偿的方法和原则。在运动员人力资本发挥效能生产竞技体育服务产品的体育竞赛中,运动员和行为主体在平等的合作关系基础上,以经济利益为中心展开博弈,各取所需,在整个过程中反映出人与人之间的社会经济关系。

(二) 运动员人力资本产权的权能结构

狭义的运动员人力资本产权就是运动员人力资本所有权,不存在产权的权能结构。本研究从广义的角度界定运动员人力资本产权,即运动员人力资本产权是投资主体对投资所形成的运动员人力资本所拥有的一系列具有经济价值的权利总称,包括占有权、使用权、收益权、处置权等,是制约人们行使这些权利的规则。对资产的任何权利都包含两部分内容:权能和权益。所谓权能就是产权主体对资产的权力或职能,即产权主体能够干什么;所谓权益,则是指资产对主体的具体效用或带来的好处,即产权主体能够得到什么。权能和权益互相依存,不可分割,权益是权能行使的目的,权能是获得权益的手段。单纯的权能不构成产权,没有权益的产权是不存在的。广义的运动员人力资本产权是个产权束概念,其权能结构包括运动员人力资本占有权、使用权、收益权、处置权等。这些权能是人力资本产权主体对客体(人力资本财产)拥有的不同权利和责任,以及由它们所形成的利益关系。这些关系首先是客观的经济关系,同时又得到了社会或法律的承认和保护,取得了法权的形式。[①] 运动员人力资本的各项权能只是其人力资本产权的一部分,准确地说,应称为人力资本部分产权,或部分人力资本产权。运动员人力资本产权的权能结构如图 4-1 所示。

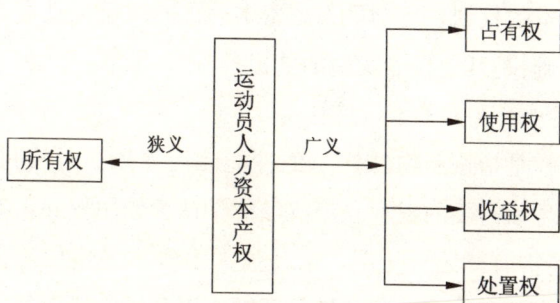

图 4-1 运动员人力资本产权的权能结构

1. 运动员人力资本占有权

占有权是人对某项财产事实上或法律上的直接控制,人力资本产权首先要确定的是人力资本归属的问题。运动员人力资本占有权是指事实上掌握、控制运动员人力资本,并对其施加实际影响的权利,表现为运动员人力资本所有者与其他行为主体对运动员人力资本财产进行控制与管理而产生的权利义务关系。对于一般的物质财产,所有权与占有权具有严格的区别,但在运动员人力资本的产权关系中,运动员人力资本的核心要素——竞技能力只能依附于运动员的身体,并且只能借助运动员的实践活动才能创造出经济价值,因此运动员人力资本所有权与占有权往往是结合在一起的,不能完全分开。由于运动员人力资本占有权与人力资本所有权(狭义)相重合,很容易使人们认为二者没有区别。事实

———————

① 年志远:《人力资本产权与国有企业所有权安排》,经济科学出版社,2004 年,第 28－29 页。

上,运动员人力资本所有权(狭义)与占有权之间存在着区别,前者是指已经同其他主体权能相分离的、单纯的、狭义的所有权利,即它仅仅表示归属和领有关系,并不直接掌握和管理在法权上属于他自身的人力资本,而后者则是事实上掌握、控制或管理着运动员人力资本的权利。运动员人力资本的占有权是运动员人力资本产权的基础,是其他权能实施的前提条件。

2. 运动员人力资本使用权

使用权是指按照物(财产)的性能和用途依法对其利用,以满足生产和生活需要的权利。产权经济学认为使用权和占有权关系密切,没有占有就无从使用。运动员人力资本使用权是指运动员人力资本产权主体在权利允许的范围内以各种方式使用运动员人力资本,实现运动员人力资本的使用价值的权利。无论运动员具有多高水平的竞技能力,如果不进入市场,不与其他的生产资料相结合启用其人力资本的使用价值,就不能转化为现实的生产力,也不能创造价值和效益。运动员人力资本的占有权直接决定着运动员人力资本使用权的归属,相关行为主体在行使运动员人力资本的使用价值时,可以根据法律、行政命令选择运动员人力资本的用途并控制其生产活动过程,也可以按照契约或者运动员人力资本产权主体的意志将使用权转移给非所有人行使或委托非所有人使用。由于运动员人力资本的特殊性,一些享有运动员人力资本使用权的主体不能直接使用运动员人力资本,只能通过其承载者——运动员来实现使用人力资本的目的。运动员人力资本使用权享有方行使的只是名义上的使用权,却不能行使实际使用权,其实际使用权只能由运动员个人行使,具有唯一性。

3. 运动员人力资本收益权

收益权是所有人通过财产的占有、使用、经营、转让而获得社会效益或经济利益的权利。收益权是产权的根本权能,是产权的权能重心。使用、经营和收益有密切的关系,使用和经营不是目的,而是手段,使用和经营的最终目的就是获得收益。运动员人力资本收益权指运动员人力资本产权主体享有的由人力资本使用、经营而产生的经济利益分配权。运动员人力资本收益权对人力资本产权主体产生着巨大的激励作用,在市场经济条件下,各投资主体投资运动员人力资本的根本目的就是获得一定的社会效益或经济利益。对于运动员人力资本的收益方面,国家投资主体主要是获得社会效益,私人投资主体获得经济利益,而运动员个人投资主体获得包括经济利益和自我价值效益,具体表现在两个方面:一是经济收益,包括运动员的工资、训练津贴、奖金、各种形式的报酬以及分享部分剩余价值的收益,另一方面是运动员的声望、社会地位、个人精神满足等无形资产的收益。不同人力资本存量获得的收益是不同的,具有较高竞技水平的运动员,其人力资本存量就越高,其稀缺价值就越大,就越能获得高收益。

4. 运动员人力资本处置权

处置权是财产所有人对其财产在法律规定的范围内最终处理的权利,即决定财产在事实上或法律上命运的权利,包括资产的转让、消费、出售、封存处理甚至闲置、废弃等方面的权利。处置权是财产所有人最基本的权利,在多数情况下由所有人享有,但在某些情况下,也可以使所有权与处置权分离,形成非所有人依法享有的处置权。运动员人力资本处置权是指运动员人力资本产权主体在权利允许的范围内以各种方式处置运动员人力资本的权利。这些权利包括促使运动员人力资本流动的权利、改变运动员人力资本存在方式的权利、改变运动员人力资本内容的权利等。在运动员人力资本的积累和形成过程中,各投资主体在投入形成运动员人力资本所需的生产要素的同时,通过行使其所拥有的运动员人力资本处置权,使得运动员人力资本处于最佳的市场位置和最佳的使用状态,从而最大限度的发挥运动员人力资本的使用效率。

运动员人力资本产权的各项权能之间是相互联系和相互作用的,不同的权能组合和排列决定了人力资本产权不同的性质和功能。在运动员人力资本产权束中,占有权是其他一切权利的基础,是其他权能实施的前提条件;处置权是产权主体最基本的权利;收益权是运动员人力资本产权的根本权能,是权能的重心,收益权的实现程度是衡量运动员人力资本产权实现程度的主要标志。分析运动员人力资本产权束的构成及其特点,有利于推进运动员人力资本产权制度的建设。

二、中国运动员人力资本产权

人力资本不可脱离其承载者而独立存在,是人力资本与其他任何形式的资本最重要的区别,人身依附性也是人力资本最本质的特征。运动员是其人力资本的大然载体,运动员与人力资本特殊的人身依附关系决定了运动员人力资本所有权天然归运动员私人所有。在对运动员人力资本产权的研究中,认为运动员拥有其人力资本所有权的看法基本上是一致的。而运动员人力资本产权则是一个包含所有权在内但远比所有权内容宽泛的范畴,除了所有权,它还包括占有权、使用权、收益权以及处置权等一系列权能和利益。在运动员人力资本的形成和价值不断攀升的过程中,特别是进入市场开始交易后,运动员人力资本产权各项权能就进行有限的分解,依据各投资方的相应权益和相关契约分属不同主体支配。从理论上说,人力资本的承载者也便是人力资本"天然"的所有者。作为人力资本"天然"的所有者与其他投资者一样,始终拥有其参与对人力资本产权的分割和控制的权力。[①]

中国运动员职业群体包括职业运动员和专业运动员,此外还存在业余运动员和学生运动员群体,这些人具有学生和运动员的双重身份,但不属于社会职业的范畴。完全意义上的职业运动员人力资本因其投资主体比较单一,各投资方权、责、益明确,其产权很容易界定清楚。在中国完全由私人投资的职业运动员仅仅占极少数,即使像丁俊晖这样的运动员,其大部分参赛机会仍然由国家提供并受政府行政部门的控制,这是由中国竞技体育管理体制所决定的。相比之下,在中国运动员职业群体中人数占绝大多数的专业运动员,由于其人力资本形成过程中各投资主体投入的各类生产要素,除了货币和物资的投入能够明确计算外,其他的一些人力、精神以及制度等投入要素都是很难计量的,再加上投资主体的不断变换、高水平运动员较长的成长周期以及管理体制等制约性因素,使得中国运动员人力资本形成过程较为复杂,产权边界模糊不清,难以明晰和界定。基于以上考虑,本研究重点对中国绝大多数的专业运动员人力资本产权进行分析研究。在中国竞技体育社会化进程刚刚开始,运动员人力资本投资主体多元化初步形成的时期,对运动员人力资本产权权能结构及权能的界定有重要的理论和现实意义。

中国运动员人力资本产权的界定,除了运用产权基础理论的相关原理进行分析外,还应考虑到中国运动员人力资本特殊的生成机制。计划经济时期,中国运动员的选拔、培养等过程全部由国家负责包办、包管,国家以社会福利的形式投入了大量的物力、财力、人力以及制度等生产性要素培养优秀运动员。这种封闭式模

---

① 邹国防:《产权分割:竞技体育运动员人力资本产权问题的思考》,《体育与科学》,2004 年第 3 期。

式培养出来的运动员不具有自由转让和选择合约的权利,所以,在这种体制下,人们得出运动员人力资本产权归国家所有的结论也不足为怪。在当时的社会背景下,高度集权的公有制计划经济是排斥私有经济存在的,"资本"一词是不被人们所认可或提及的,取而代之的是"资产"或"资金"等称谓,产权也大都以"国有产权"或"公有产权"的形式表现出来。在当时的时代背景和人们的思想意识形态下,完全由中国政府负责包办、包管,并投入大量的国有资产、资金培养的运动员是不能也不会为自己寻求产权归属的。为国争光、为人民服务的精神诉求大大超过他们对自身社会价值及个人经济利益的索求。计划经济时期虽然中国运动员不能进入市场交易,但国家以发放固定的工资、训练补贴、奖金以及退役后的工作安排等形式保障了运动员的利益,使他们能够获得稳定的收益流,这在当时的社会生活条件下对于运动员来说也是一条相当不错的出路。但是在人力资本市场评价尺度缺乏的条件下,中国政府无论如何也无法改变运动员在实际生产劳动当中"出工不出力"的现象,国家拥有运动员人力资本全部产权的状况实际上是一种主体错位。

改革开放后,在中国社会转型期的不完全市场经济条件下,随着竞技体育社会化、市场化的进程,中国运动员培养体系由过去单一、封闭的模式向多元、开放的模式转变。部分运动员拥有了转让和选择合约的权利,开始进入职业俱乐部接受私人资本雇佣其劳动,但运动员所转让的不过是人力资本的占有权或间接的使用权,而与运动员个人天然一体的所有权是无法转让出去的。随着中国竞技体育后备人才培养体系中各种培养形式之间地位、比重不断的调整与转换,中国专业运动员人力资本过分集中、单一的产权模式也趋于多元化。既使中国一些市场化运作程度较高的项目的职业运动员,国家在其运动员人力资本形成中也依然有不少比例的投入,如当年在政府部门资助下赴巴西进行多年训练,后来成为职业足球运动员的健力宝青年队队员,从小在少体校接受训练目前在各篮球、排球等俱乐部的职业运动员,其人力资本产权结构也是复杂的,不能简单地归结其所有权或产权为运动员个人所有。中国运动员人力资本的价值主要由其竞技能力创造的运动成绩所体现,运动成绩的占有权自然归属运动员本人,这种占有是独立的、合法的,是直接的占有。而除运动员以外的投资主体,也可以分享运动员人力资本价值,但这种分享是间接的,是以合同或契约的方式依法享有的。中国运动员在市场上的流动(转会)是一种产权交换行为,在交换过程中存在着运动员人力资本的使用权的让渡,这种权利的让渡是建立在合同或契约等劳资关系的基础上,即在法律上运动员承认自己产权的部分权能允许合作的一方占有、使用、经营和处置。

总而言之,要对中国运动员人力资本产权的权能界定及权益归属做出全面的阐释,必须紧密结合中国竞技体育管理体制和运动员人力资本特殊的生成机制,遵循"谁投资,谁所有,谁收益"的产权确认原则,权益分享应根据各投资主体的投资多少确定相应的分配比,分配过程还要受到运动员人力资本产权特征的制约。

本 章 小 结

本部分研究以产权理论—人力资本产权—运动员人力资本产权为逻辑主线,在剖析人力资本产权的内涵、性质、特征等理论问题的基础上,深入研究了运动员人力资本产权的特殊涵义和权能构成,并对中国运动员人力资本产权的特殊性进行了分析和研究。

研究认为：产权是一个包含所有权在内但远比所有权内容宽泛的范畴。人力资本产权是个产权束概念，它既是一个"总量"概念，即产权是由许多权利构成的，又是一个"结构"概念，即不同的排列与组合决定产权的性质及结构，揭示了产权的排他性、可让渡性、可分割性和收益性等基本特征。关于运动员人力资本产权有狭义和广义两种界定，狭义的运动员人力资本产权就是运动员人力资本所有权，广义的运动员人力资本产权是指投资主体对投资所形成的运动员人力资本所拥有的一系列具有经济价值的权利总称，包括占有权、使用权、收益权、处置权等，是制约人们行使这些权利的规则。运动员人力资本是一种行为权，必须与交易相联系，其价值只有在市场交易中才能得以体现，本质上是人们社会经济关系的反映。运动员人力资本产权的权能结构包括占有权、使用权、收益权以及处置权等一组权利，各项权能之间是相互联系和相互作用的。在运动员人力资本产权束中，占有权是其他一切权利的基础，是其他权能实施的前提条件；处置权是产权主体最基本的权利；收益权是运动员人力资本产权的根本权能，是权能的重心，收益权的实现程度是衡量运动员人力资本产权实现程度的主要标志。中国运动员人力资本形成过程较为复杂，产权边界模糊不清，难以界定和明晰。在中国计划经济时期，人力资本市场评价尺度缺乏，运动员人力资本产权完全归国家所有的状况是一种主体错位。改革开放后，随着运动员培养体系中各种培养形式之间地位、比重的调整与转换，中国运动员人力资本过分集中、单一的产权模式也趋于多元化。紧密结合并理清中国竞技体育管理体制和运动员人力资本特殊的生成机制，是界定和明晰中国运动员人力资本产权权能及权益归属的前提条件。

第五章

中国运动员人力资本产权制度建设

第一节　中国运动员人力资本产权现状

　　随着中国市场经济体制的确立与不断推进,竞技体育社会化、商业化、市场化的趋势逐渐明朗。在中国竞技体育相继在巴塞罗那、亚特兰大、悉尼、雅典、北京奥运会上取得辉煌成就的同时,体育界也不时出现一些不和谐的声音,先后出现了田亮遭国家跳水队开除事件,王治郅不服从国家队召唤滞美不归事件,姚明诉可口可乐公司侵犯其肖像权事件,孙英杰、艾冬梅状告王德显侵吞奖金等一系列在体育界乃至国内引起不小震动的事件。在这些事件中,中国运动员个体与政府相关部门以及俱乐部之间权益争夺的背后是运动员人力资本产权的争夺。造成中国运动员人力资本权益纠纷的深层原因是人力资本产权关系的界定不清,而这正是长期以来体育界和体育理论界所忽视的问题。由于在多年竞技体育举国体制下所形成的思维惯性,人们在主观上摆脱不了计划经济体制的影响,客观上国家也没有这方面的法律条文和条例规定,使得中国运动员人力资本及其产权的归属模糊不清,难以明晰和界定。从经济学的角度看,人都是自利的,特别是在市场经济体制下,中国运动员维护自己权益的诉求进一步加强。但现实的情况是,许多运动员在政府主管部门的干涉下不得不放弃自己的权益,自己的职业生涯规划完全由管理部门或所在运动队掌握。运动员人力资本剩余索取权的分割矛盾是中国一些运动员和相关政府管理部门以及其他权益主体产生矛盾的根源。从下面的案例分析就可以对中国运动员人力资本产权的现实状况有一个清晰的认识。

一、"田亮事件"个案分析

2005 年 1 月 26 日,中国国家体育总局游泳管理中心以田亮违反有关规定,私自聘请经纪人打理商业活动,且未按规定比例上交商业收入,不按要求及时归队参加训练为由,将其开除出中国国家队。田亮曾为中国夺得了 30 多个世界冠军,参加过 3 届奥运会。"田亮事件"所引发的震荡远远超出了体育的范畴,人们对其的讨论已经拓展到运动员产权、无形资产、商业开发、举国体制以及运动员市场化运作等诸多方面的内容。"田亮事件"发生的主要诱因是双方围绕田亮人力资本收益权归属问题展开的争论,核心是田亮参加商业活动带来的经济利益如何进行合理的分配。田亮认为自己理当拥有自身人力资本的处置权和收益权,而游泳管理中心认为田亮由国家出资培养,其依据国家队管理规定认为田亮人力资本的占有权、处置权及部分收益权归游泳管理中心所有,主要依据是 1996 年 11 月 19 日当时的中国国家体委下发的《关于加强在役运动员从事广告等经营活动管理的通知》中的相关规定,"国家队运动员相关活动必须经组织批准"和"在役运动员的无形资产属国家所有"。双方围绕田亮人力资本产权展开博弈,而垄断控制中国竞技体育所有资源的政府管理部门——游泳管理中心,由于力量占绝对优势始终处于博弈的有利地位。游泳管理中心仅仅以违反国家队相关规定的名义将田亮开除,而不顾及培养在一个奥运冠军的过程中中国政府的巨大投入和其成长过程中数以千计团队做出的牺牲,贬低和抹杀其人力资本价值存量。在举国体制下,运动员个人利益和体育部门垄断利益之间的博弈,决定了"田亮事件"迟早要发生。

中国的跳水项目不是职业化项目,中国跳水运动员是典型的专业竞技体制下成长起来的运动员。在田亮的成长过程中,除家庭和个人的投资外,对运动员人力资本进行投资的还有重庆市体校、陕西省游泳队、国家游泳队,其人力资本产权归国家、集体和个人共同所有。在田亮的运动员人力资本收益分配中,根据投资主体、产权主体、收益主体对应原则,拥有分享权的是国家、集体和个人。然而中国专业运动员人力资本形成的情况是运动员投入的是自己与生俱来的自然资源,国家投入的是纳税人的资金,其人力资本产权归属既无法律的界定,又无事前契约的约定,也无法区分出两者的贡献孰大孰小,其产权状况必然处于模糊不清的状态。那些获得世界冠军和奥运金牌的现役国家队运动员也就不能单独行使其人力资本的使用权、处置权和收益权,由此引发了一系列针对运动员产权归属的争执与纠纷。"田亮事件"是目前中国专业运动员管理面临的具有代表性的问题,本质上是由运动员人力资本产权边界模糊所引起的运动员人力资本收益权分配的矛盾。"田亮事件"不仅是某个运动员与管理部门矛盾的个案,而且是中国竞技体育"计划体制"、"举国体制"下培养起来的所有专业运动员与培养人、投资人之间可能存在的较普遍的经济问题,明确运动员人力资本收益分配制度,制定合理的收入分配规则与模式并建立适当的保障执行机制,是解决类似于"田亮问题"的根本途径。①

二、"王治郅、孙悦事件"个案分析

中国篮球运动员王治郅因其良好的篮球天赋从小在少体校接

---

① 刘平:《"田亮问题"研究》,《沈阳体育学院学报》,2004 年第 1 期。

受训练,后被解放军"八一"体工大队选中并接受系统化训练,在其人力资本存量进一步提升后被招入国家队为国效力。2001年4月经过多次周折和努力获篮球管理中心和"八一"体工大队同意,王治郅加入达拉斯小牛队开始其NBA职业篮球生涯,成为登陆NBA的"亚洲第一人"。王治郅在NBA赛场通过历练不断提高篮球竞技能力,对于其人力资本的投资方代表篮球管理中心和"八一"体工大队来说,在提升球队的整体竞技实力和经济收益两方面都有好处。而王治郅本人在NBA受私人资本雇佣从事生产性劳动活动,在获得相应收益的同时使其人力资本的价值存量不断攀升。本来这一切对于篮球管理中心、"八一"体工大队、王治郅家人及本人来说是一个三方双赢的局面。但在2002年,王治郅就回国参加亚运会比赛和备战世锦赛集训事宜与篮球管理中心发生意见分歧,王治郅向篮球管理中心提出自己是否可以不参加第14届亚运会比赛和第14届世锦赛赛前集训,他想直接在美国与中国男篮会合参加在美国举行的男篮世锦赛为国效力。而篮球管理中心认为作为一名由国家出资培养的运动员,应该无条件服从祖国的召唤回归国家队,毕竟王治郅在当时还是中国男篮不可或缺的人物。王治郅却认为在NBA参加训练对自身竞技能力的提升和自己今后发展会更好,于是他违反事先与篮球管理中心的约定,没有服从篮球管理中心召唤其回归国家队的决定,而滞留美国不归。在双方多次交涉无果后,在2002年10月9日篮球管理中心宣布开除王治郅出国家队,直到2006年4月脱离祖国怀抱近5年之久的王治郅才得以重新返回国家队为国效力。

王治郅滞美不归遭国家队开除的事件在中国引起了强烈的反响,给当时处于上升期的中国男篮和国人留下了永远的伤痛。王治郅也是中国专业竞技体制下成长起来的运动员,其人力资本的形成,虽然只包括国家和王治郅家庭及本人两大投资主体,但其特殊的中国军人身份,使得其人力资本产权的归属和界定更为复杂。"王治郅事件"之所以发生归根于各投资主体争夺和控制王治郅人力资本使用权和处置权。长期以来,中国运动员为国效力除回报国家无偿培养而尽的义务和责任外,凭借的是运动员自身的所谓职业道德和爱国精神,但职业道德和爱国精神却都缺乏法律层面上的强制性,而以此来约束运动员必然缺乏法律依据。由于王治郅不明晰的人力产权边界,在整个事件的处理过程中,篮球管理中心、"八一"体工大队和王治郅本身,没有按照整体利益最大化的原则进行合作,各方仅从个人理性出发,均选择使本方利益最大化的行为做出最终的决定,进行非合作博弈,并且在决策中都有非理性表现,事件的处理结果最终导致了国家、管理部门、运动员三方利益均遭受损失。

现役中国国家队篮球运动员孙悦多年以来一直由私有企业奥神篮球俱乐部投资培养,其人力资本产权归属应该说比较容易界定。但当 2004 年奥神俱乐部拒绝了篮球管理中心抽调孙悦到国家青年队集训的要求时,在举国体制下控制着中国篮球竞赛市场的中国篮协便将奥神队逐出 CBA 联赛。最终奥神队被迫放弃在自己祖国参加篮球联赛的权利,而只能到美国参加 ABA 联赛。这一事件是围绕着孙悦人力资本占有权、使用权、处置权等发生的一起政府管理部门和职业俱乐部之间的矛盾纠纷,其深层次原因是体制因素和市场因素在争夺运动员人力资本产权归属时发生的一次碰撞,而处于强势地位的篮球管理中心却未能做出合理的决断,仍然只是简单地动用行政权力对奥神俱乐部做出处罚。

三、"清华跳水队事件"个案分析

在中国竞技体育举国体制下,清华大学跳水队的尴尬遭遇更是引起了人们的深思。1997 年,原中国跳水队副总教练于芬离职后受聘于清华大学,并组建了清华大学跳水队。清华大学跳水队实行的是学习与训练并行的运动员培养模式,很好地解决了长期困扰中国运动员成长过程中文化学习不足的问题,而这也是世界上大多数国家包括美国在内通行的运动员培养模式。但是这支队伍在经历数年的成长后,却遭遇了最艰难的困境。在竞技体育领域,运动员注册单位的身份和级别,决定了运动员可以参加比赛的范围和级别。1998 年开始清华大学跳水队被允许拥有双重注册权,即清华跳水队的队员既可以以清华大学学生的身份注册,参加大学生赛事,同时也可以以某省、市、区队员的身份注册,参加全国锦标赛、全国冠军赛等比赛,此外游泳运动管理中心还批准清华大学跳水队的运动员可以参加奥运会选拔赛。但 2010 年 10 月,游泳管理中心下发体游字〔2001〕278 号文件,对跳水运动员的注册有了新的规定:"在一个注册年度内,一名运动员、教练员只能注册一个单位,运动员只能代表其注册单位参加比赛。"这对清华大学跳水队无疑是一次重击,队员流失的情况开始出现,先后有王鑫、周吕鑫等 12 名队员被地方省、市体育局抢先注册,随后在 2005 年引发了清华大学状告王鑫家长、状告游泳管理中心的事件,但都以清华大学败诉而告终。承载着国人厚望的清华大学跳水队从辉煌时候的 30 多人到 2008 年 7 月仅剩下 4 名队员,这支有 11 年历史的队伍遭遇到极大的生存困境。

竞技体育运动训练和比赛密不可分,比赛是检验训练成果的唯一标准。由清华大学培养并成长起来的运动员在清华大学却不能获得正常的参赛机会,这直接导致了队伍的不稳定以至于队员逐步流失。运动员不能正常参加比赛,其多年形成的人力资本就被闲置,其价值也就无法得以体现。在运动员人力资本开始创造经济效益后,各投资主体出于自身利益最大化的考虑,都想尽可能多地分享或占有运动员人力资本产权及其收益。运动员人力资本投资实际包括培养运动员和收获成绩两个部分,国家队、清华大学跳水队以及省、市体工队互不相让手中的优秀运动员,主要原因在于运动员的归属权直接影响了运动员获得奖牌后,各投资主体参与奖金分成和其他商业项目的利益收入,即真正的矛盾来源于对运动员人力资本处置权、收益权等资源性要素进行的争夺。由此可见,清华大学跳水队的尴尬遭遇反映出在体育部门垄断体育竞赛市场的前提下,由家庭或集体投资培养的运动员人力资本产权仍然是不完整的。社会办体育虽然能够有效解决举国体制存在的一些问题,但其地位仍然受控于举国体制,各级体育部门通过垄断运动员的"注册权"和"参赛权"就间接地控制了由社会团体、企业及家庭投资培养的运动员人力资本的占有权,并能最终获取一定的收益。

四、台球神童"丁俊晖模式"分析

中国的"台球神童"丁俊晖是完全脱离了传统的"体校—省体工队—国家队"的培养模式成长起来的运动员。不管丁俊晖在从事台球事业过程中其家庭和个人付出了怎样的代价,其人力资本的形成完全是家庭和个人投资的结果,国家并没有投入任何培养费用,丁俊晖本人及其家庭承担了全部的机会成本和投资风险,所以他应该拥有其人力资本的全部产权,全部的投资收益也应归属丁俊晖和他的家庭。丁俊晖的成功引发了中国竞技体育发展模式的大讨论,对竞技体育社会化发展起到了积极的促进作用,有力地冲击了中国竞技体育固有发展模式,进而对中国体育体制改革提供了有益的参考。① 但是在现行的体育管理体制下,体育部门垄断了体育行业,是多数运动项目的唯一组织者和投资者。如果丁俊晖是代表中国而不是以个人名义参加国际比赛,就必须通过国家体育总局这道门槛,即国家体育总局小球管理中心还是掌握着丁俊晖的"市场准入"以及参赛的权利。可见完全由丁俊晖家庭出资培养出来的职业运动员,在中国现行的管理体制下,是仍然不能独享其人力资本产权的。

通过对上述事件的分析,我们可以明显地看到,垄断体育行业的中国政府管理部门在处理运动员与相关管理单位的矛盾纠纷时,并不是按市场经济的规律办事,而对运动员的处理采取"杀一儆百"的非理性决策,结果只能是抹杀或贬低了高品级运动员人力资本的价值,给国家、俱乐部和运动员自身均造成不同程度的损失。在中国专业运动员人力资本形成中,由于其投资主体的不断改变,形成过程的复杂性,以及各个项目运动员的投入、产出与分配问题不一样,再加上中国专业运动员人力资本产权明显的混合性质,造成了中国运动员人力资本产权总体上一直处于归属模糊、边界不清、保护不力、流转不畅的状况。近几年在竞技体育领域所产生的种种乱象,大都与运动员人力资本属性及其产权归属有关,这也是中国体育体制的内在尴尬所在。在举国体制下,中国优秀运动员大多来自"三级训练网"的专业培养体制,政府管理部门对运动员人力资本产权具有绝对的控制权,国家投资运动员的目标基本不会受到损害,而社会团体、企业、家庭和运动员个人等投资主体往往受制于政府部门,处于配置运动员人力资本产权的弱势地位。中国的市场经济还存在许多不完善的地方,运动员人力资

---

① 葛幸幸:《"丁俊晖模式"对竞技体育社会化发展带来的启示》,《北京体育大学学报》,2007年第5期。

本产权制度尚未建立健全,而政府管理部门在处理相关问题时又存在越权和越位等问题,更是加剧了界定专业运动员人力资本产权的难度。

第二节　中国运动员人力资本产权模糊的原因

一、中国体育管理体制、运动员培养模式是造成运动员人力资本产权模糊的基础性因素

中国体育管理体制是在计划经济体制下,按照福利事业的框架和模式,由国家包办并采取行政运作的方式逐步建立起来的。这种政府管理体制集所有者、管理者、经营者等多种角色于一身,扩大并泛化了政府的体育管理职能,其基本特征是:国家包办、政府部门分管、统管、财政统包供给,体育事业发展和运行直接受制于政府部门,各事业单位既无自主权也没有实质性责任。[①] 在这种管理体制下中国采取高度集中和封闭运行的方式进行竞技体育后备人才的培训,即以国家和省市优秀运动队为一线和中心环节的纵向层层衔接的三级运动员训练和培养体制。中国这种运动员培养模式过分依赖国家投资,从运动员的选拔、培养等全部由国家负责包办,社会力量很难介入,几乎所有的奥运冠军均出自这个系统。

在"三级训练网"的专业运动员培养体制下,中国运动员人力资本的形成国家和运动员是两大基本投资主体,国家培养运动员所花费的投资,对运动员来说是无偿的,而且对运动员应尽的义务和责任,也没有法律意义上的强制性规定。正是双方的这种投入

---

① 李艳翎:《经济体制转轨时期中国竞技体育运行的研究》,北京体育大学博士学位论文,2000 年,第 39－42 页。

既无法律的界定,又缺乏事先契约的约定,因此,在运动员人力资本产权界定与分割时就缺乏必要的依据,造成产权边界的模糊不清,各项权能和权益的分享与归属只是取决于各投资主体综合力量博弈的结果。在处理运动员人力资本产权相关问题时,处于强势地位的中国政府管理部门仍会按照本部门的意志做出非理性的决策,这也是现行体育管理体制的弊端所在。中国正处于社会转型、经济转轨的特殊时期,在竞技体育体制性制约因素和人们在计划经济模式下形成的思想意识形态的双重作用下,中国运动员人力资本产权明晰与界定是不可能一蹴而就的。可见,形成于中国社会主义公有制计划经济时期的竞技体育管理体制和运动员培养模式是造成运动员人力资本产权模糊不清的基础性因素,国家在运动员人力资本的形成、管理、使用等方面始终处于主导地位。

二、人们的思维惯性和法律制度的缺失间接导致了中国运动员人力资本产权模糊不清的现状

长期以来,中国的体育产权制度是一种以国有产权为核心、以政府行政管理为主导的产权制度,体育产权的运营具有浓厚的行政色彩,全部职权由国家及地方各级体育管理部门采用行政手段行使,所有经济义务由国家承担。对于国家而言,作为一个具有合法暴力和自然垄断性质的机构,处于确立和保护产权的有利地位。[①] 由于多年竞技体育举国体制下人们所形成的思维惯性,社会上普遍的看法是中国专业运动员完全由国家出资培养,各级政府体育行政部门基本掌握着运动员的一切权益,运动员也被看做是国家所有,并无视运动员自身长期付出的艰辛劳动、大量的心理成本以及高昂的机会成本等投入,这种思维惯性往往削弱了运动

---

① 林岗,张宇:《马克思主义与制度分析》,经济科学出版社,1997 年,第 93 页。

员自身对其人力资本产权的配置力,进而影响了产权的合理界定。

市场经济下,对运动员或运动队的管理,应引进必要的法律机制,从而使运动员和管理方各自的权利和义务明晰化。然而客观上中国还没有这方面的法律条文和条例规定,使得中国运动员人力资本及其产权的归属缺乏法律框架的支撑,再加上运动员人力资本产权制度的长期缺失,导致中国运动员人力资本产权边界模糊,归属不清。国家体育总局管理部门在处罚"田亮、王治郅、孙悦"等事件时就因缺乏必要的法律依据,而按照本部门的意志做出非理性的决策。如原国家体委于 1996 年发出 505 号文件中就规定:国家级运动员的肖像权等无形资产都属于国家所有。从法律层面讲,政府管理部门凭借行政权力将原本属于公民个人的肖像权攫为己有,显然与中国民法精神相违背,因为在中国《民法通则》第 100 条有这样的规定:公民享有肖像权,未经本人同意,不得以营利为目的使用公民的肖像。长期以来,在中国专业运动员人力资本形成过程中,运动员投入的是自己与生俱来的运动天赋,国家投入的是纳税人的资金,而双方的这种投入既无法律的界定,又无事前契约的约定,在运动员人力资本产权界定与分割时就必然缺乏依据。从经济学的角度看,人都是自利的,特别是在市场经济体制下,中国运动员维护自己权益的诉求进一步加强。但现实的情况是,许多中国运动员在政府主管部门的干涉下不得不放弃自己的权益,自己的职业生涯规划完全由管理部门或所在运动队掌握。运动员人力资本剩余索取权的分割矛盾是中国一些运动员和相关政府管理部门以及其他投资主体产生矛盾的根源。

三、体育管理部门职能错位、市场经济的不完善加剧了运动员人力资本产权边界的模糊

由于历史、客观及人为等多方面的原因,中国竞技体育管理体制的改革与机构的撤并未能完全同步,造成了当前管理活动中多种类型组织机构并存的状况,它们都有"管"、"办"体育的权力,行政性机构与行业性机构性质不明确。当前国家体育总局、中华全国体育总会、中国奥委会、运动项目管理中心以及单项运动协会的"管"、"办"交叉,责任、权力、利益不明晰,组织权限边界不清,在管理中必然存在越权越位的问题。而在成熟的市场经济国家,政府体育行政机构与各级体育联合会、体育理事会之间是相互独立平等的主体。市场化越来越深入的今天,举国体制混淆了国家意志和运动员个人对自由、利益的追求的界限,致使诸多矛盾潜滋暗长,中国市场经济存在着许多不完善的地方,更是加剧了运动员人力资本产权边界的模糊。

当前中国的竞技体育管理组织行政垄断特征明显,决策机构高度集中,往往忽略了各社会团体、职业俱乐部、民间体育组织和个体在微观体育管理决策上的权利和利益。中国竞技体育管理体制组织权限边界不清、管理模式滞后,相关法律制度的不足和缺失,再加上中国体育产业不发达,竞技体育社会化、市场化程度较低等因素,使得中国运动员人力资本产权必然是难以界定清楚的。从经济学的角度看,中国投资运动员人力资本是建立在高投入低产出的基础之上,而国家的权益要真正得到保护,代表国家利益的各级政府体育组织,就应了解运动员人力资本产权运用的自发激励性这样一个特性,采用各种制度和措施尽量明晰运动员人力资本产权各项权能和权益的边界,激励运动员发挥积极主动性,使运动员人力资本各投资主体相应的权益得到有效保障。

第三节 中国运动员人力资本产权制度建设

一、人力资本产权制度

产权不是一种静态的客体,而是一系列旨在保障人们对资产的排他性权威的规则,是维持资产有效运行的社会制度。产权构成了社会经济制度的基本元素,是市场交易及有序运行的基本前提,产权的结构、界定和安排不仅直接决定了一个国家的社会经济制度的结构和性质,而且影响着该国资源配置及制度运行的成本和效率。产权按所有制性质可分为私有产权、共有产权和国有产权三种类型。① 新制度经济学认为,制度是人们所创造的用以限制人们相互交往的行为的框架。制度是一种社会博弈规则,同时也是一种社会稀缺资源。制度有两层基本含义:第一,制度是行为规则,它决定了社会主体在社会生活中可以选择的行动方式;第二,制度是人们结成的各种经济、社会、政治等组织或体制,它决定着一切社会经济活动和各种经济关系展开的框架,规范着人与人之间的关系。② 制度作为一系列规则的综合,一般由正式制度、非正式制度和实施机制三部分构成。产权制度是一个经济运行体制的根本基础,经济增长的根本原因在于产权制度的有效安排及其合理化,只有建立合理的产权制度,才能形成合理的市场价格机制和有效的激励机制,以实现资源的合理配置,促进经济的有效增长。产权制度作为产权界定、运营、实现、保护等一系列体制安排和法律规定具有系统性。

---

① 段文斌:《产权、制度变迁与经济发展——新制度经济学前沿专题》,南开大学出版社,2003 年,第 72－78 页。

② 卢现祥,朱巧玲:《新制度经济学》,北京大学出版社,2007 年,第 420 页。

人力资本产权制度是指一定的法律制度认可的人力资本产权关系及其对人力资本产权关系实行有效调节与保护的产权制度安排,包括以下内涵:一是人力资本产权安排,是指为了使人力资本市场交易顺利进行以及权益合理分配而确定的排他性的产权规则,即由它确定各产权主体分享产权的程度及其行为边界和收益方式等。二是人力资本产权的制度结构,包括法律认可的明确界定人力资本产权权利主体之间权利关系的正式制度,人们在社会发展和历史演进过程中自发形成的文化传统和行为习惯等非正式制度,以及产权制度得以实现的实施机制三个部分。三是有效的人力资本产权保护机制。在社会经济生活中,人力资本产权制度具有界定人力资本交易界区、规范人们交易行为、形成投资者稳定的预期、激励行为主体的活动和优化资源配置5个方面的功能。

随着知识经济时代的到来,从物质资本产权到人力资本产权的演变趋势将会越演越烈,演变的最终结果将是人力资本产权消融物质资本产权。在新经济时代,人力资本产权的有效利用需要一定的人力资本产权制度安排,提高企业竞争力更需要人力资本产权制度创新。① 有效率的人力资本产权制度要求确立人力资本载体享有充分的产权,构建以承载者为主体的产权结构,人力资本产权制度变迁揭示了这种制度安排与效率之间的内在统一。由于人力资本的外部性,人们在运用其人力资本生产的过程中会造成对他人或环境的有益或有害的行为,所以,人类在交易的过程中形成了不同的规则和制度来界定人力资本的产权,这种制度即人力资本产权制度。在市场经济社会中,个体人力资本的所有权、使用权属于个体所有的客观事实得到法律的认可与保护。人力资本产

---

① 葛玉辉:《新经济时代人力资本产权及其制度创新研究》,华中科技大学博士学位论文,2004 年,第 57 页。

权的关键在于人力资本的物质收益权问题,因为每个生物人都要摄取一定的物质才能够生存,才能够满足自己生存的需要,但物质收益可以外在于人体而独立存在,因此可能被他人剥夺,所以必须有合理的行为规则与制度,即人力资本产权制度来界定、明晰产权。一方面保护人力资本所有者的物质收益不受他人的侵害,另一方面约束人力资本所有者不对他人的权益造成侵害。

二、中国运动员人力资本产权制度建设的指导思想及目标

人力资本投资收益分享是人力资本投资者之间的投资收益关系的主要表现形式,产权制度是影响收益分享最根本的因素。在知识经济条件下,人力资本及其产权将处于产权结构中的主导和基础地位,收入分配制度也应该随之发生深刻变化。运动员人力资本产权是投资主体对投资所形成的运动员人力资本所拥有的一系列具有经济价值的权利总称,是由运动员人力资本的使用价值和稀缺性价值而引起的一种行为权力的规范。产权和交易是人类经济活动最基本的要素,运动员人力资本产权也必须在交易中得到体现和运用。在运动员人力资本交易和使用中,运动员人力资本产权与物质资本产权共同规定了人们可以干什么,不能干什么,界定了在既得利益下的损益得失,以及随之而来的赔偿的方法和原则。产权制度是最为重要的经济制度,也是市场有效运转的基础。长期以来,中国的体育产权制度是一种以国有产权为核心、以政府行政管理为主导的产权制度,这与传统的计划经济体制是相适应的。[1] 在传统的计划经济体制下,体育产权的运营具有浓厚的行政色彩,国家及地方各级体委作为政府的体育职能部门,完全以一种行政的方式办体育,传统的体育管理体制是一种相当典型

---

[1]　唐俊,姜君利:《体育市场改革中的产权问题分析》,《体育成人教育学刊》,2003 年第 12 期。

的政府管理型体制。① 这种在特定历史条件下形成的体育产权，是与中国当时的政治、经济体制相适应的，其营运特点是：全部管理职权由政府行使，国家管理体育主要采用行政手段，所有经济义务由国家承担。同样这种以国有产权为核心、以政府行政管理为主的体育产权制度也决定了中国运动员人力资本产权制度的一元化结构特点，即在计划经济时期，中国运动员人力资本产权完全归国家所有。

1978 年，中国共产党的十一届三中全会拉开了改革开放的序幕，中国在经济、社会等领域都发生了根本性的变化。随着社会转型和经济转轨地不断深入，中国竞技体育举国体制也发生了相应的变化，体育事业社会化、市场化、职业化趋势逐渐明朗，社会力量开始介入体育领域，逐步建立了市场经济体制下"三位一体"（政府、社会、市场）的新型"举国体制"。产权制度及其实现形式，是构成市场经济的微观基础，中国经济体制改革遇到的最大问题就是产权制度问题。1993 年，中国共产党的十四届三中全会把建立适应市场经济要求的"产权清晰、权责明确、政企分开、科学管理"的现代企业制度作为国有企业改革的方向，开始了以"明确产权"为目标的国有企业改革之路。2003 年，中国共产党的十六届三中全会提出要建立"归属清晰、权责明确、保护严格、流转顺畅"的现代产权制度。这不仅明确了建立健全现代产权制度的目标模式，而且也提出了建立现代产权制度的基本要求。中国竞技体育产业链发展中的运动员人力资本产权问题，涉及竞技体育体制转型、个人、企业、国家等投资主体利益、运动员市场流动等诸多方面问题，其中的核心问题是不同利益群体之间的经济关系。竞技体育的社

---

① 徐金华：《关于我国体育体制特点及其发展的研究》，《南京体育学院学报（社科版）》，2003 年第 6 期。

会化、市场化、职业化发展促使中国运动员人力资本的投资趋向多元化,运动员培养过程中的个人投入的加大和社会力量的不断介入使得运动员人力资本形成过程更加复杂,而原本完全属于国家所有的运动员人力资本的责、权、益划分不明,其产权边界模糊不清。私有产权是经济自由或市场经济的基础,在产权的安排中,私有产权往往比共有产权和国有产权更具效率优势。① 市场经济的一个最基本的特点就是以市场作为资源配置的主要方式,因此中国体育管理体制的方向是靠市场来配置体育资源,而产权流转顺畅是各种资源有效配置、充分发挥其效率的关键。竞技体育运动员人力资本产权顺畅流动,是运动员人力资本要素市场化的前提和基础。

基于以上分析,结合中国建设社会主义市场经济的总体目标,以及现阶段竞技体育发展的实际情况,本研究认为,中国运动员人力资本产权制度建设必须在科学发展观的统领下,坚持社会主义公有制基础地位,贯彻按劳分配和按生产要素分配相结合的分配原则,采纳、吸收并大胆借鉴西方产权理论中的精华,紧密结合中国竞技体育管理体制的改革方向和当前运动员人力资本投资多元化的实际情况,加强运动员人力资本产权制度的法制化建设,建立一种私有产权和共有产权并存的、多元化的、具有中国特色的运动员人力资本产权制度。建设的基本目标是建立健全符合社会主义市场经济内在要求的"归属清晰、权责明确、保护严格、流转顺畅"的运动员人力资本产权制度。其中"归属清晰"是运动员人力资本产权制度建设的基本要求,即要对权利主体进行科学的界定;"权责明确"是内在约束要求,即要落实权利主体和责任主体;"保

---

① 朱巧玲:《产权制度变迁的多层次分析》,人民出版社,2007 年,第 328 – 335 页。

护严格"是运动员人力资本产权制度建设的外在保障要求,而相关法制建设是保护运动员人力资本产权的根本性措施;"流转顺畅"是运动员人力资本产权制度功能发挥的必要条件,是制度功能实现的重要保证,而建立规范的运动员交易市场,则为运动员人力资本的顺畅流转创造了条件。

三、中国运动员人力资本产权安排

人力资本产权安排,是指为了使人力资本在市场交易顺利进行以及权益合理分配而确定的排他性的产权规则,即由它确定各产权主体分享产权的程度及其行为边界和收益方式等。创建中国运动员人力资本私有产权和共有产权并存的多元化产权制度,不仅能够约束和规范运动员和其他行为主体在市场里的行为,也能够激励人们投资运动员人力资本的积极性,并使参与运动员人力资本经济活动主体的权益得以保障。中国竞技体育体制历经数十年的改革,依然没有动摇国家对体育事业绝对的控制权,国家在目前和今后一段时间内仍然是体育人力资本的主要投资人,但随着竞技体育社会化、市场化的进程,中国运动员培养体系已经由过去单一、封闭的模式向多元、开放的模式转变。市场经济环境为维护和保障运动员及其人力资本投资主体的权益提供了良好的契机,在市场经济条件下,部分运动员拥有了转让和选择合约的权力,开始进入职业俱乐部接受私人资本雇佣进行其人力资本的生产、增殖、价值创造及实现。有效的运动员人力资本产权制度是以产权的明确界定和有效保护为特征的,产权的保护又以产权的明确界定为条件,边界模糊、归属不清的产权是得不到有效保护的。运动员人力资本产权的明确界定不仅可以降低运动员转会经纪中的交易费用,减少交易过程中的不确定性,而且能够推动运动员转会市场价格机制的形成,形成有效的市场约束机制和激励机制,最终实现运动员人力资本资源的最佳配置。中国运动员人力资本产权一般可通过三种方式进行界定，一是法规界定，即由相关法律、法规和政策等确定运动员人力资本产权各项权能和权益的归属；二是契约界定，即利益各方依据事先签订的合同或协议确定运动员人力资本产权分割和利益分享；三是谈判界定，即利益各方遵循"谁投资，谁所有，谁收益"的原则进行谈判博弈，最终协商确定运动员人力资本产权各项权能和权益的归属。

在中国运动员职业群体中，由私有资本投资培养的运动员，包括完全由家庭和个人投资的运动员，如果各投资方能够严格执行相关的法规或契约，则这些运动员人力资本的产权相对而言是比较容易界定的。由私人投资培养的运动员完全拥有狭义意义上的人力资本产权，也就是所有权归运动员所有，这些运动员人力资本的产权性质属于中国运动员人力资本产权制度中私有产权部分。当这些运动员人力资本进入市场交易后，其产权便在一定范围内有限分解，各经济主体依据相关的法律、法规、条例、合同和协议分别享有一定程度的运动员人力资本产权的各项权能和权益。如一名运动员一旦与某个职业俱乐部签订劳务合同或协议后，其人力资本便被资本所雇佣在竞技体育市场进行劳动和生产，该运动员凭借其人力资本为俱乐部创造价值和财富，从而获得相应的工资收入，并在一定范围内参与俱乐部剩余利润的分配。在双方的合作过程中，人力资本实际的占有权和使用权仍然被运动员直接占有和使用，而俱乐部则通过间接地控制和行使这些权利对运动员人力资本进行市场开发和经营活动。收益权是产权的根本权能，是产权的权能重心。运动员人力资本收益权对人力资本各产权主体产生着巨大的激励作用，各行为主体投资、使用和经营运动员人力资本的最主要目的就是获得一定的经济利益。在现实经济生活中,各利益主体之间的矛盾纠纷往往都是由运动员人力资本的收益权所引发的。在市场经济条件下,按照"谁投资,谁收益"的分配原则,运动员人力资本收益权归各投资主体共同所有,利益份额的分配比例则按照事先的契约或者由各方以谈判协商的方式予以确认。运动员人力资本的处置权由运动员和俱乐部在国家政策法规允许的范围内,根据劳务合同或协议的约定,遵循各方利益一致性、最大化的原则共同行使。

相对于私有资本投资培养的运动员,在中国专业运动员培养模式下形成的运动员人力资本产权的界定就比较困难。这些年竞技体育领域出现的王治郅、田亮、姚明、刘翔、彭帅等运动员与政府管理部门的矛盾纠纷,无不与这些运动员人力资本产权的模糊现状有关。中国专业运动员人力资本的产权归国家和个人两大投资主体所共有,这部分产权在中国运动员人力资本产权制度中占绝大部分,处于产权制度的主体地位。不管有多少投资主体,运动员人力资本人身依附性的本质特征,决定了其人力资本天然归运动员个人所有,占有权也始终被运动员直接占有,并且在生产实践活动中直接行使其人力资本的使用权。在中国"三级训练网"运动员培养体制下,运动员从少体校到省市体工队再到国家队的成长经历中,除运动员家庭和个人外,其他投资主体不断更替,运动员人力资本形成过程复杂。近些年来,随着竞技体育商业化趋势的不断加强,中国优秀的专业运动员有更多的机会参加国际、国内的系列大奖赛和各类商业性比赛,特别是奥运会冠军、世界冠军等优秀运动员参加商业比赛往往能获得丰厚的奖金收入,有些运动员一次比赛的奖金收入能够达到十几万甚至几十万元人民币。面对运动员人力资本带来的巨额经济收益,如何进行合理分配,始终困扰着运动项目管理中心、运动员以及相关投资主体。

关于专业运动员的商业收入的分配办法,中国国家体育总局在 2001 年下发的 46 号文件《国家体育总局关于运动项目管理中心工作规范化有关问题的通知》中规定,国家队运动员参加大奖赛及各类商业性比赛的奖金、收入,也应该本着兼顾各方面利益的原则进行分配,分配原则是:运动员、教练员及其他有功人员 50%,项目协会奖励基金或发展基金 30%,运动员、教练员所在省(区、市)10%,10% 上缴体育总局(见图 5-1)。这一规定中的"项目协会奖励基金或发展基金"的管理者实际上就是运动项目管理中心,加上国家体育总局、运动员所在的省(区、市)政府管理部门,可见代表国家的体育政府部门其实分割了运动员参加商业比赛所得收入的 50%。

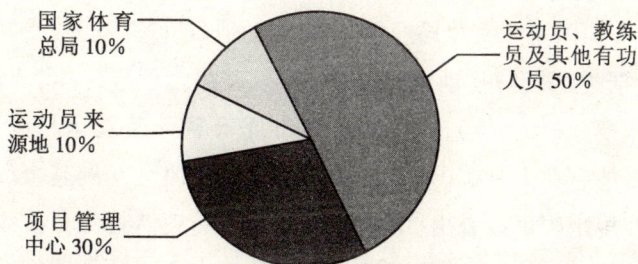

图 5-1　中国国家体育总局规定的国家队运动员参加商业比赛收入分配图

在运动员人力资本的显效阶段,运动员通过已经具备的高水平的竞技能力在一些世界大赛中表现突出,并获得优秀的成绩和比赛名次,此时运动员会获得很高的社会声誉和名誉,其人力资本价值不断攀升。高品级运动员人力资本价值存量越高,其无形资产价值就越大。中国优秀运动员利用自己的社会声望和名誉等无形资产从事广告和代言产品活动,进行其人力资本的市场开发与增殖,这部分收入数额巨大,是优秀运动员财富积累的主要手段。表 5-1 是 2005 年中国部分明星运动员从事商业广告的收入情况。

表 5-1　2005 年中国部分明星运动员广告收入一览表

姓 名	年度收入(人民币)	项目
姚　明	1.5 亿元	篮球
刘　翔	2300 万元	田径
田　亮	1100 万元	跳水
郭晶晶	1000 万元	跳水

注:根据 2005 年 10 月 21 日《哈尔滨日报》数据整理

　　关于国家队运动员无形资产权益的归属,中国国家体育总局在《国家体育总局加强在役运动员从事广告等经营活动管理通知》(体计财产字〔1996〕505 号)中第一条就规定:在役运动员的无形资产属国家所有。而对于国家队运动员从事商业广告收入的分配,按照国家体育总局的规定,由运动项目管理中心接受并参照《社会捐赠(赞助)运动员、教练员资金、奖品管理暂行办法》(见原国家体委令第 23 号)分配:资金按不低于 70% 奖励运动员、教练员及其他有功人员,其余部分留作单项体育协会发展基金。从上述这些规定中可以看出,中国国家体育总局凭借其对竞技体育的垄断地位,完全拥有在役国家队运动员人力资本的处置权。对于运动员从事商业广告收入的分配规定,基本体现了运动员人力资本投资主体共同分享收益权的原则,分配兼顾了各方面的利益,并使项目管理中心与地方部门的利益也得到体现。

　　国家体育总局是中国政府的行政单位,经费来源于中央财政,国家的确为专业运动员的成长投入了巨额资金,但这笔资金是由全体纳税人所支付。中国政府投资竞技体育的目的是致力于公共产品的打造,对内满足人们社会生活的需要,对外通过体育健儿在国际大赛上取得优异成绩塑造国家形象,提升国际地位。从国家角度看,中国投资运动员人力资本的首要目的是通过该投资能够达到的社会效益,而不是为了营利和占有金牌运动员的无形资产。由此可见,代表中国政府行使管理权的国家体育总局关于国家队运动员从事商业性活动所得收入的分配规定,仍然是行政管理部门意志的体现。"在役运动员的无形资产属国家所有"的规定是对运动员权益的强行占有,对其中分配主体"运动员、教练员及其他有功人员"、"运动员、教练员所在省(区、市)"的界定不清,也更容易引起在分配过程中的矛盾纠纷。对于中国优秀运动员比赛奖金和商业性收入的分配,在本研究的问卷调查中,运动员认为这些收入的绝大多数应该归运动员所有,剩余部分归有贡献的单位和个人。调查结果显示,运动员、当前教练员和所在运动队处于分配的前三位,分配力较强,而总局项目管理中心、所在省、市体育局以及基层选送单位等分配力较弱,参与分配程度有限。(调查结果见表5-2)

表5-2　关于如何分配中国优秀运动员比赛
奖金和商业性收入的调查($n = 308$)

备选项	分配较多		分配一般		分配较少		频数总计
	频数	百分比	频数	百分比	频数	百分比	
运动员	217	70.5	63	20.5	28	9.1	308
当前教练员	161	53.5	109	36.2	31	10.3	301
所在运动队	115	37.3	156	50.7	37	12.1	308
基层选送单位	47	15.5	165	54.5	91	30.1	303
总局项目管理中心	60	19.7	118	38.7	127	41.6	305
所在省市体育局	56	18.2	95	30.9	156	50.8	307
其他投资单位	99	32.8	137	45.4	66	21.9	302

四、中国运动员人力资本产权制度内容与结构

著名的新制度经济学家张五常指出,一个社会不可能实行纯粹的私有制产权制度,也不可能实行纯粹的公有制产权制度,产权

结构可以采用多种多样的形式：从一个极端的私有产权到另一个极端的公有产权，大多数处于两者之间。① 创建具有中国特色的运动员人力资本私有和共有并存的多元化产权制度，是中国竞技体育健康、可持续发展的需要，理论和实践上具有可行性，也有体制层面上的保障。中国社会主义市场经济实行以公有制为主体、多种所有制经济共同发展的经济体制，由部分劳动者共同占有部分生产资料、共同劳动，是社会主义初级阶段公有制的本质特征。② 在中国计划经济体制下形成的纯粹的公有制产权实现形式中，由于运动员人力资本被看做完全是由国家投资的产物，因此其产权完全归国家所有。但是这种纯粹的公有制产权实现形式，排斥了运动员个人的利益诉求，混淆了个人利益和集体利益，在运行过程中表现出缺乏效率，也无法实现真正意义上的公平。市场经济体制下，中国运动员人力资本的投资主体是多层次的，投资渠道也趋于多元化，包括家庭、个人、学校、国家、企业、私有性质的俱乐部等组成的多元投资主体群。根据"谁投资，谁所有"的产权原则，运动员人力资本产权应该归相关投资主体私人所有或共同所有，这突破了计划经济时期国家拥有运动员产权的单一局面。如完全由家庭和个人投资的丁俊晖的人力资本产权就属于私有产权，而由多个投资主体共同投资形成的运动员人力资本产权则属于共有产权。在国家专业运动员培养体制下成才的运动员、由私有企业投资培养的运动员等，他们的人力资本产权为各投资主体所共有，其产权的权能分割和权益分享则根据各主体投资比例进

---

① ［英］伊特韦尔，等编：《新帕尔格雷夫经济学大辞典》（第三卷），陈岱孙主编译，经济科学出版社，2001 年，第 44－46 页。

② 刘灿：《中国的经济改革与产权制度创新研究》，西南财经大学出版社，2007年，第 271－275 页。

行相应的划分和界定。

　　人力资本产权的制度结构,是指国家法律或条例认可的明确界定人力资本产权主体之间权利关系的制度结构。根据中国运动员人力资本产权制度建设的指导思想和基本目标,中国运动员人力资本产权制度结构应由三部分组成,即正式制度、非正式制度和实施机制。正式制度也称正式规则或硬制度,是指人们有意识建立起来的并以正式方式加以确定的各种制度安排,包括政治规则、经济规则和契约,以及由这一系列的规则构成的一种等级结构。中国运动员人力资本产权制度中的正式制度具体包括中国宪法、各项法律法规、政府部门特别是各级体育政府部门制定的相关条例规定,以及运动员和其他经济主体之间签订的合同或协议等。正式制度是具有强制性的外在约束机制,要求社会成员必须遵守,并通过奖励或惩罚来约束人们的行为,正式制度中的政治规则通常决定着经济规则。为了保证正式制度的执行,就要求有正式制度专门的维护者和实施者,强制执行是正式制度得以实施的必不可少的手段。

　　非正式制度也称非正式规则或软制度,是指人们在社会发展和历史演进过程中自发形成的、不依赖人们主观意志的文化传统和行为习惯,主要包括社会价值观念、伦理规范、道德标准、风俗习惯、意识形态等内容,其中居于核心地位的是意识形态。中国运动员人力资本产权制度中的非正式制度在各行为主体约束体系中占有十分重要的地位,在运动员人力资本价值实现和市场交易中,正式制度只是决定运动员及其他行为主体约束体系中的一小部分,而人们的行为更多地受非正式制度的约束。非正式制度通常是被社会所认可的行为准则,不仅补充、扩展和丰富了正式制度,更重要的是它是人们在社会活动中进行自我行为约束的标准。

中国运动员人力资本产权制度的实施机制是指对制度功能、作用的发挥过程进行调节和控制的体系。实施机制是制度不可或缺的组成部分和构成要件，判定某种制度是否有效，除了看这种制度本身的正式规则与非正式规则是否完善以外，更主要的是看这种制度的实施机制是否健全。在现实经济生活中，由于人的有限理性、交换的复杂性及信息的不对称性，经济主体总是存在机会主义行为倾向。这种情况下，如果没有外在的、强制性的实施机制，那么任何制度尤其是正式制度安排便形同虚设，因为"有法不依"往往比"无法可依"更糟糕。在围绕运动员所进行的社会生产活动或产权交易中，产权制度的正式规则和非正式规则只是规定了运动员和其他行为主体应当干什么、不应当干什么，以及相应活动的行为标准，而产权制度的实施机制则通过惩罚和激励等强制性手段调节和控制人们的行为，敦促人们按规则和约定开展实践性活动。实施机制主要包括各类制度、条例的执行机制、人力资本市场机制、契约机制、流动机制和保障机制等。检验制度实施机制是否有效主要看违约成本，强有力的实施机制将使违约方支付极高的违约成本，使违约成本大于违约收益，从而使违约行为变得不划算。在中国运动员人力资本产权交易中，产权制度实施机制的主体一般都是国家以及各级政府体育管理部门，或者说，运动员人力资本产权的交易总是委托国家或相关政府体育管理部门来执行并实施职能的。

中国运动员人力资本产权制度结构中，正式制度和非正式制度都是规范运动员以及其他相关行为主体行为的规则，二者相互依存、相互补充。正式制度要正常有效地发挥作用，离不开一定的非正式制度的辅助作用，同时非正式制度只有在一定程度上消除了正式制度安排的局限性，才能形成有效的社会约束体系。从实现机制看,正式制度主要靠强制性的外在约束机制来实现,而非正式制度主要靠个人内在的心理约束,即依靠内心的自省与自觉来实现,实施机制则是中国运动员人力资本产权制度得以实现的根本保障。图 5-2 是中国运动员人力资本产权制度模式结构。

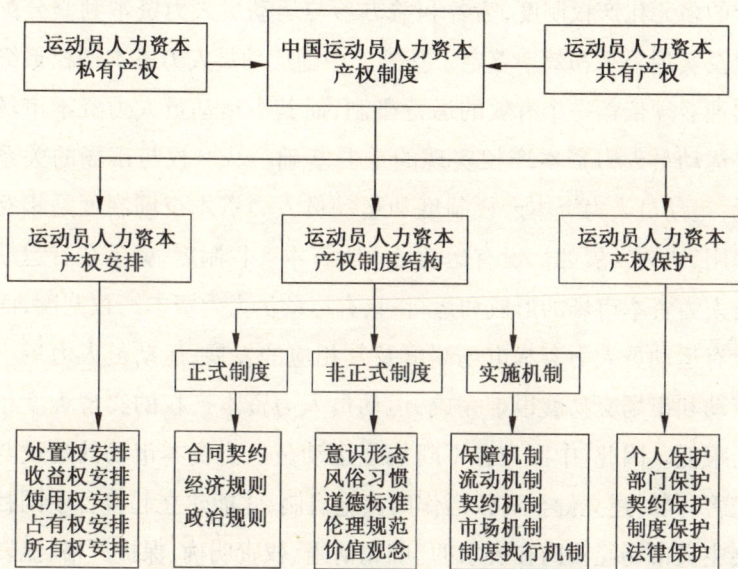

图 5-2 中国运动员人力资本产权制度模式

产权制度好坏的关键标准是看产权制度是否调动人力资本的积极性,合理的产权结构会促进资源配置效率的提高。① 中国运动员人力资本私有产权和共有产权并存的多元化产权制度,可以使中国运动员人力资本的三大投资主体——个人、私有企业和国家的权益得到保障,能够激发人们投资的积极性,并能促进竞技体育资源的有效配置。产权制度的效率性是人类社会经济发展的关

---

① 张同全:《企业人力资本产权论》,中国劳动社会保障出版社,2003 年,第 72 – 73 页。

键,而产权制度的公平性是减少利益冲突,避免社会动荡,实现和谐发展的前提。① 中国现阶段的分配原则是坚持效率优先、兼顾公平,各种生产要素按贡献参与分配。在社会主义市场经济条件下,承认运动员人力资本私有产权的存在,并创建与共有产权相结合的多元化产权制度,为各利益方参与运动员人力资本利润分配以及实现公平和效率奠定了基础。中国运动员人力资本产权最终实现必须依赖一个有效的运行机制,而其中运动员人力资本市场是运动员人力资本产权实现的重要基础。从产权与市场的关系看,运动员人力资本产权制度和运动员人力资本市场制度是相互作用、协同发展的。没有运动员人力资本产权制度,就不会有运动员人力资本市场的形成和运行;只有运动员人力资本产权制度,而没有运动员人力资本市场制度及其相应的发展,运动员人力资本流动和市场交易就很难完成,运动员人力资本产权的实现程度也会很低。因此,中国只有不断加强运动员人力资本市场的建设与完善,同时建立健全有效运作的实施机制,才能建立起符合中国社会主义市场经济内在要求的"归属清晰、权责明确、保护严格、流转顺畅"的运动员人力资本私有产权和共有产权并存的多元化产权制度。

五、中国运动员人力资本产权保护的策略及政策建议

在中国社会转型、经济转轨的特殊时期,处于起步阶段的市场经济尚存在许多不完善的地方,加上中国运动员人力资本形成过程的复杂性以及产权制度的供给不足,造成了中国运动员人力资本产权总体上处于归属模糊、边界不清、保护不力、流转不畅的现状,并引发了竞技体育领域一系列围绕运动员人力资本权益分割

---

① 朱巧玲:《产权制度变迁的多层次分析》,人民出版社,2007 年,第 277 - 281 页。

的矛盾纠纷。新制度经济学认为,制度的最大供给者是国家,宪法秩序和其他基本规章制度都是由国家供给的,产权制度作为社会经济最基本和最重要的制度之一,同样与国家紧密相连。在竞技体育领域,国家在运动员人力资本产权制度的确立、实施及运行过程中起着重要作用,国家为运动员人力资本产权制度有效运行提供了保障机制。建立健全中国运动员人力资本产权制度,保护运动员人力资本各产权主体的合法权益不受侵犯,应主要加强以下几个方面的建设。

（一）健全和完善中国体育事业法律、法规,加强并规范运动员与经济活动主体的契约制度

"依法治国"是中共中央根据时代的要求和市场经济的健康发展提出的治国方针,随着中国法制建设的不断完善,人们对自身权利保护的意识也随即提高。在竞技体育市场化、职业化的进程中,运动员人力资本的权益保护问题的重要性和紧迫性逐渐显现出来,而当前中国运动员人力资本产权方面的相关法律、制度供给不足。1995 年中国政府颁布《体育法》以来,为了配合其实施,国家体育总局单独或会同其他部门联合制定了部门规章制度和规范性文件 150 余部,但涉及运动员人力资本产权方面的法规文件很少,其中涉及运动员管理、无形资产、比赛奖金及商业性收入分配等方面的规定也存在着明显的计划经济时期的管理模式和行政垄断的痕迹。运动员人力资本产权方面的管理制度、法规不健全,法制化程度低,直接影响到竞技体育管理体制的改革和完善,并引发了一些世界冠军、奥运会冠军等优秀运动员与管理部门一系列的矛盾纠纷。中国体育法制建设作为社会主义法制建设和体育事业的重要组成部分,伴随着整个国家经济、社会和法制建设的进程而不断地完善和发展。市场经济体制下,运动员已经成为市场中

独立、平等的主体，他们在履行自己义务的同时其合法权益理应得到承认和保护。法律制度具有高度权威性，惩罚严肃、公正，其制裁容易得到大家的认可，因而可以极大地提高运动员人力资本产权保护的准确度和刚性。在新的历史时期，中国政府应尽快补充和完善《体育法》，体育行政部门应以《体育法》为核心建立健全结构合理、衔接配套、具有中国特色的社会主义体育法规体系，特别是加强运动员人力资本产权方面的法规、制度建设，并设立相应的体育执法与监督体系和体育法律服务体系，切实保障中国运动员人力资本各产权主体的权利和利益。

契约即合约、合同、协议，是愿意交换产权的主体所达成的合意，契约规定了交换的条款。① 在法律法规和制度供给不足甚至缺失的条件下，契约是有效保护人力资本产权各投资主体、交易主体的合法权益的重要途径。长期以来，中国竞技体育领域契约机制建设滞后，运动员与政府、俱乐部以及其他经济活动主体在签约过程中很大一部分都是隐性条款，关于双方的责任、权利和义务没有一个明确的规定，突出表现在对运动员人力资本产权归属和利益分配含糊不清，对夺取奥运会冠军、世界冠军的运动员也缺乏有效的合同约束，甚至有些条款和规定与国家《民法通则》、《劳动法》、《合同法》的精神相背离。因此，在加强运动员人力资本产权方面的法规、制度建设的同时，政府部门应同步加强并规范运动员与国家、俱乐部及其他经济活动主体事先的契约制度，通过有效的契约明确各行为主体的权、责、利关系，约束其在市场交易中的行为，减少不确定性，保证各利益主体在交易中形成的合理预期。

---

① 国彦兵：《新制度经济学》，立信会计出版社，2006年，第238页。

（二）建立中国运动员人力资本产权制度，强化实施机制，健全仲裁、监督及法律援助机制

运动员人力资本产权的收益分配功能和资源配置功能，都是通过人力资本产权交易实现的，而运动员人力资本的市场交易和产权能否顺畅运行，关键是看能否建立完善的运动员人力资本产权制度。由于中国缺乏界定运动员人力资本产权的法律、法规，面对运动员人力资本产权模糊不清的状况，政府管理部门往往从管理者利益出发采取行政命令的方式来处理，而不是通过协商和法律的手段来解决，这种简单地以行政命令的方式对运动员相关权利和利益进行划分，是不符合市场经济运行规律的。中国竞技体育要健康、可持续地发展，国家及体育管理部门必须建立并不断完善中国运动员人力资本私有产权和共有产权并存的多元化产权制度。具体做法是：一方面着手制定涉及运动员人力资本产权制度的相关法律、法规、条例等正式规则，为界定运动员人力资本产权边界提供法律和政策依据；另一方面，在体育领域积极开展从业人员思想道德教育，提倡树立正确的价值观，加强行业自律，共同营造高效、良好的运动员人力资本市场交易的外部约束机制；第三方面，必须建立健全运动员人力资本产权制度的强制性实施机制，没有有效的实施机制，运动员人力资本产权正式制度安排便形同虚设，运动员人力资本各利益主体的权益也得不到保障。

此外，建立健全功能完善的劳动仲裁、法律监督体系以及法律援助机制是中国运动员人力资本产权制度的有效补充。中国体育行政部门是体育法规实施的执法监督部门，必须做到执法必严，违法必究，保障运动员人力资本产权制度的顺利实施。中国国家体育总局还要会同相关政府部门设立运动员劳动仲裁、申诉及法律援助机构，给运动员人力资本各利益主体提供合法的解决矛盾纠

纷的渠道。鼓励、提倡广大人民群众进行社会舆论监督,保证政府部门对运动员的各项执法活动符合社会主义法制的要求,促进中国竞技体育健康发展。

(三) 建立中国运动员人力资本产权制度的绩效评价机制,切实保障中国运动员人力资本各产权主体的合法权益

从产权制度的激励机制看,建立运动员人力资本产权制度的绩效评价机制,可以实现运动员人力资本的市场化流动和定价,有利于创造运动员人力资本自由流动的制度条件,包括建立统一的社会保障体系,以及公平竞争基础上的运动员人力资本价格体系。通过建立明确的法律维权体系,可以调动运动员训练和参赛的积极性以及运动员人力资本流动的主动性,从而提高运动员人力资本产权效用函数的牵动作用,进而可以实现运动员报酬与贡献的一致性。

中国运动员人力资本的形成是多元化投资的结果,既有国家投资,又有企业(俱乐部)和个人投资,而且企业和家庭投资运动员的趋势在逐年上升。在中国运动员人力资本投资主体中,国家投资主体始终处于确立和保护运动员人力资本的有利地位,国家的利益会自然得到保护,国家对体育投资的目标也基本不会受损。但在经济体制转轨过程中,不同利益集团围绕运动员人力资本这一稀缺资源的产权展开斗争,有时会使国家利益受到损害。因此,国家的权益要真正得到保护,代表国家利益的各级政府部门就应采用各种制度激励运动员发挥积极主动性,使其人力资本价值不断增殖,最终实现国家利益最大化。私有企业以及职业体育俱乐部作为中国运动员人力资本的主要投资主体之一,国家应给予一定的优惠政策,鼓励俱乐部投资竞技体育和培养运动员,以解决中国运动员培养模式单一的局面,并切实保护私有企业和俱乐部对

运动员的合法权益。在市场经济条件下,运动员人力资本产权与其载体相结合,是一种有效的制度安排,可以降低监督成本和激励成本。中国专业运动员处于其人力资本各利益方的劣势地位,这就需要政府管理部门对现有的运动员人力资本产权交易的政策、法规加以修改和完善,以确保运动员人力资本产权中归属于运动员个人的应有权益得到有效保护。总之,国家、企业和运动员必须遵循投入与产出、成本与收益比较的原则,依法按契约约定的条款合理分割运动员人力资本产权的各项权能和利益分配。

(四)理顺体育行政部门、管理中心、行业、协会以及俱乐部关系,鼓励社会力量投资运动员,进一步推进中国竞技体育社会化、市场化、职业化

政府管理部门组织权限边界不清,必然带来越权越位的问题。在成熟的市场经济国家,政府体育行政机构与体育联合会、体育理事会以及地方体育联合会、体育理事会之间都是相互独立的"伙伴关系",而不是上下级的隶属关系。现阶段中国竞技体育管理组织行政色彩仍然很浓厚,决策机构高度集中,竞技体育市场存在着明显的"计划性"和"行政性垄断"特征。这样的决策机制忽略了各社会团体、俱乐部的自主决策权,过分强调各体育组织和个体执行指令计划的责任和义务,忽视了他们产业生产者的身份,同时也忽略了各体育组织和个体在微观决策中的主体地位。中国体育体制的改革必须理顺各个组织之间的权力关系,明晰自己的工作范围,这样才能有效推动体育管理体制的改革。国家体育总局应在理顺运动员人力资本各投资主体关系的基础上,健全中国运动员人力资本投资体制,使运动员人力资本的供给与社会需求相适应,鼓励社会各界对运动员的人力资本进行投资,建立灵活高效的投资体制。继续提升中国竞技体育社会化、市场化、职业化程度,探索适

合中国国情的职业联赛运作模式,使俱乐部成为自主经营、自负盈亏、自我发展、自我约束的市场竞争主体,盘活现有稀缺的高水平运动员人力资本,通过市场机制优化配置竞技体育资源,进一步推进竞技体育社会化、市场化、职业化改革。

(五) 改革和完善现行的运动员比赛奖金、商业收入分配办法,建立符合市场经济要求的分配制度

具有较高竞技水平的运动员,因具有较大的稀缺价值,其人力资本价值存量就越高,也越能获得较高的经济收益。当优秀运动员获得世界冠军、奥运会冠军后,其人力资本以及名誉和社会声望等无形资产的价值在短时间内迅速攀升,能够为运动员带来丰厚的经济收入,但是各产权主体、各利益方围绕优秀运动员比赛奖金、商业性收入分配的矛盾纠纷也同时凸现出来,近些年中国竞技体育领域所发生的一系列事件大多与此有关。国家体育总局制定的关于运动员比赛奖金、商业性收入的分配办法,是明显的政府部门"行政性垄断"决策行为,对其中参与利益分配的主体也界定不清,很容易引起在分配过中的矛盾纠纷。因此有必要对运动员比赛奖金、商业性收入的分配规定进行适当的调整和完善。

中国专业运动员人力资本形成过程中,代表国家的各级政府部门投资的巨额资金来自于中央财政,该资金最终是由全体纳税人所支付的,因此优秀运动员高品级人力资本价值的形成,应该考虑到全体纳税人的巨大贡献。而按照现行的分配管理办法,中国优秀运动员的比赛奖金、商业性收入只在竞技体育领域内部进行分配,也就是靠国家财政拨款运转的各级体育政府部门、各事业单位和享受国家工资、福利待遇的"教练员、其他有功人员"还要参与分配运动员比赛奖金和商业性收入,这种做法是否合理,是值得人们商榷和思考的。基于以上思考,对于中国优秀运动员比赛奖

金和商业性收入的分配问题,本研究提出两个分配方案的设想。

第一种方案:首先要承认运动员无形资产归属于运动员个人所有,对于国家队运动员的比赛收入和商业性巨额收入,只在运动员个人和国家两大投资主体间进行分配。国家直接采取税收的方式,对在役国家队运动员的比赛奖金和商业性收入征收高出其他公民应缴税率的个人所得税,假定征收税率幅度定为60% ~80%,这些税收直接上缴国库,而国家体育总局、各级体育政府部门、项目管理中心的经费以及相关的"教练员、其他有功人员"等的工资、福利、奖金再由政府财政集中拨付。这样的分配方式,一方面保障了运动员个人的权益,同时使得国家投资主体的收益不受损,也符合市场经济条件下"谁投资,谁收益"的分配原则。另一方面,这样的分配方式跳过了国家队运动员的收入分配的一些中间环节,如国家体育总局、协会或项目管理中心、省市体育局、"教练员及其他有功人员"等,从而使运动员人力资本收益权边界更易于界定,减少收入分配的矛盾和纠纷。

第二种方案:对于中国优秀运动员的比赛奖金收入和商业性巨额收入,仍然只在运动员个人和国家两大投资主体间进行分配。中国国家体育总局、项目管理中心、各级地方体育政府部门以及"教练员、其他有功人员"等不参与分配。中国政府通过高额税收的方式从优秀运动员征收到的资金,由体育总局设立专项基金,该专项基金可选择性地用于三个方面。一是用于全民健身;二是用于培养竞技体育后备力量;三是用来补贴那些没有成名便退役的或伤残的运动员,大幅提高这部分运动员退役或伤残的补贴标准和安置基金。这一分配方案,首先体现了中国"效率优先、兼顾公平"的社会主义分配原则,其次将资金用于全民健身、竞技体育后备力量的培养和补贴那些没有成名便退役的或伤残的运动员,不仅能够收到良好的社会效益,而且体现出社会主义制度的优越性。

总之,中国运动员人力资本产权制度的建设是一项相当复杂的系统工程,需要各级政府、企业俱乐部、运动员家庭和运动员自身做大量的工作和长期不懈的努力。在对中国运动员人力资本产权进行分割和保护时,应充分考虑中国的现实国情和特殊的运动员人力资本生成机制,根据运动员人力资本投资主体各方面的投入比例,结合中国运动员人力资本产权的特殊性,对运动员人力资本产权的各项权能和利益进行合理的界定和分配,促使运动员人力资本产权制度功能最大化,从而实现运动员人力资本价值最大化。

本 章 小 结

本部分研究从分析中国运动员人力资本产权现状入手,以产权制度—运动员人力资本产权制度—中国运动员人力资本产权制度建设为逻辑主线,深入研究了中国运动员人力资本产权制度建设的指导思想、产权制度安排、产权制度内容和结构、中国运动员人力资本产权的保护等问题。研究认为:在现行的举国体制下,中国专业运动员人力资本产权对于国家而言具有绝对的控制权,运动员人力资本形成过程的复杂性以及产权制度的供给不足导致中国运动员人力资本产权总体上处于归属模糊、边界不清、保护不力、流转不畅的状况。中国运动员人力资本产权制度建设必须坚持社会主义公有制基础地位,吸收并大胆借鉴西方产权理论的精华,紧密结合中国市场经济发展要求,建立一种"归属清晰、权责明确、保护严格、流转顺畅"的运动员人力资本私有产权和共有产权并存的多元化产权制度。中国运动员人力资本产权可在一定范围内有限分解,属于不同的投资主体或利益主体。正式制度、非正式制度和实施机制构成了中国运动员人力资本产权制度结构,其中正式制度和非正式制度都是规范运动员以及其他行为主体行为的规则,二者相互依存、相互补充。正式制度主要靠强制性的外在约束机制来实现,而非正式制度主要靠个人内在的心理约束,即依靠内心的自省与自觉来实现,实施机制则是中国运动员人力资本产权制度得以实现的根本保障。在社会主义市场经济条件下,承认运动员人力资本私有产权的存在,并创建与共有产权相结合的多元化产权制度,为各利益方参与运动员人力资本利润分配以及实现公平和效率奠定了基础。

运动员人力资本领域研究的相关建议

建议一 关于运动员人力资本的研究在中国刚刚起步,属于体育领域基础性研究,是社会主义市场经济体制下全新的课题,也是竞技体育深入改革的关键环节,建议广大专家学者对这一课题开展全面研究。

建议二 在中国体育事业产业化、市场化的进程中,运动员人力资本产权问题已成为体育改革过程中无法回避的话题。清晰界定运动员人力资本产权边界是市场经济的内在要求,正确界定、处理运动员和投资者之间的责、权、利的关系正是长期以来体育界所忽视的问题,建议学者对当前中国运动员人力资本产权等问题进行研究。

建议三 计划经济时期形成的中国运动员培养模式,在当前中国竞技体育事业中仍然发挥着主导作用,并在短期内不会有较大的改变。中国政府应加大现有的竞技体育管理体制的改革力度,根据市场经济发展要求,克服政府行政垄断管理模式,鼓励社会力量和家庭投资运动员培养,拓宽中国运动员后备力量培养渠道。

建议四 运动员人力资本及其产权界定既不能脱离中国现有的经济体制和体育发展现状,也不能忽视运动员人力资本自身的产权主体。国家及政府体育管理部门要建立健全中国运动员人力资本产权制度,这关系到中国竞技体育的健康、可持续发展。建议改革和完善中国优秀运动员收入办法,保护运动员合法权益,激发其从事运动员职业的积极性。

建议五 应结合中国运动员培养的特殊情况,建设中国运动员人力资本产权制度。要不断加强中国体育事业法律、法规和契约制度建设,完善中国运动员人力资本产权制度的实施机制,建立健全仲裁、监督及法律援助机制。要强化中国运动员人力资本产权的激励和资源配置功能,优化竞技体育资源配置,实现运动员及相关投资主体的收益双赢。

参 考 文 献

［1］杨桦:《竞技体育与奥运备战重要问题的研究》,北京体育大学出版社,2006 年。

［2］刘鹏:《备战 2008 年奥运会暨 2005 年冬训动员大会上的讲话》,2005 年。

［3］李万来:《从人力资本理论看运动员的经济价值》,《体育文化导刊》,2005 年第 3 期。

［4］T. W. Schultz. Investment in Capital Human. The American Economic Review, Vol. 13 (1).

［5］王建民:《人力资本生产制度研究》,经济科学出版社,2001 年。

［6］马广奇:《马克思产权理论与西方现代产权理论的比较分析》,《经济学家》,1996 年第 6 期。

［7］刘伟,李风圣:《产权通论》,北京出版社,1998 年。

［8］李海,万茹:《运动员人力资本产权的本质与特征》,《北京体育大学学报》,2007 年第 7 期。

［9］唐俊,姜君利:《体育市场改革中的产权问题分析》,《体育成人教育学刊》,2003 年第 12 期。

［10］徐金华:《关于中国体育体制特点及其发展的研究》,《南京体育学院学报(社科版)》,2003 年第 6 期。

［11］Becker, Gary. Investment in Human Capital: A Theoretical

Analysis. The Journal of Political Economy,1962.

［12］ R. Lucas. On the Mechanics of Economic Development. Journal of Monetary Economics, 1988, 22.

［13］ P. Roomer. Increasing Returns and Long-Run Growth. Journal of Political Economy, 1986,94(5).

［14］李建民:《人力资本通论》,上海三联书店,1999 年。

［15］李忠民:《人力资本:一个理论框架及其对中国一些问题的解释》,经济科学出版社,1999 年。

［16］ Sherwin Rosen. Theory of Distribution of Labor Earning. Journal of Political Economy, 1998,24(8).

［17］ Y. Barzel. Economic Analysis of Property Rights. Cambridge University Press, 1989.

［18］张维迎:《所有制、治理结构及委托代理关系》,《经济研究》,1996 年第 9 期。

［19］黄乾:《论人力资本产权的概念、结构与特征》,《劳动经济》,2001 年第 2 期。

［20］周其仁:《市场里的企业:一个人力资本与非人力资本的特别合约》,《经济研究》,1996 年第 6 期。

［21］杨瑞龙,周业安:《一个关于企业所有权安排的规范性分析框架及其理论含义》,《经济研究》,1997 年第 1 期。

［22］罗明忠:《人力资本产权理论及其现实思考》,《南方经济》,2002 年第 3 期。

［23］梁海波,付树农:《对竞技体育运动员人力资本产权问题的一点思考》,《当代经济》,2007 年第 5 期。

［24］李红英,岳龙华:《竞技运动员人力资本产权界定与"困境"的破解》,《山东体育学院学报》,2006 年第 4 期。

［25］武秀波,李艳清:《中国运动员人力资本形成与收益分配的特殊性》,《沈阳师范大学学报》,2006 年第 2 期。

［26］谢亚龙:《金牌的产权究竟归谁?》,《体育文化导刊》,2005 年第 3 期。

［27］范存生:《基于"双产权"视角的奥运冠军产权边界与机制研究》,《武汉体育学院学报》,2007 年第 3 期。

［28］邹国防:《产权分割:竞技体育运动员人力资本产权问题的思考》,《体育与科学》,2004 年第 3 期。

［29］邓春林:《人力资本所有权与债权——论运动员与投资者的权利》,《天津体育学院学报》,2006 年第 3 期。

［30］吴晓阳:《不同运动技能职业运动员人力资本价值测度模式的探讨》,《体育科学》,2006 年第 11 期。

［31］［英］翰·伊特韦尔,等:《新帕尔格雷夫经济学大辞典》(第二卷),经济科学出版社,1992 年,第 736 页。由舍温·罗森(Sherwin Rosen)撰写的词条 Human Capital(人力资本)。

［32］［英］亚当·斯密:《国富论》,商务印书馆,1964 年。

［33］［英］马歇尔:《经济学原理》(上卷),朱志泰译,商务印书馆,1964 年。

［34］［美］西奥多·W·舒尔茨:《论人力资本投资》,北京经济学院出版社,1992 年。

［35］周坤:《论人力资本的特征及其价值实现》,《中国科技论坛》,1997 年第 3 期。

［36］丁栋虹:《从人力资本到异质型人力资本》,《生产力研究》,1999 年第 3 期。

［37］吴震棚,韩文秀:《人力资本概念的扩展》,《天津大学学报(社会科学版)》,2004 年第 4 期。

［38］柯武刚,史漫飞:《制度经济学》,商务印书馆,2000 年。

［39］程承坪:《对人力资本概念的新认识》,《江西财经大学学报》,2001 年第 5 期。

［40］余文华:《人力资本投资研究》,四川大学出版社,2002 年。

［41］段兴民:《中国人力资本定价研究》,西安交通大学出版社,2005 年。

［42］张文贤:《人力资本》,四川人民出版社,2008 年。

［43］T. W. Schultz. The Value of the Ability to Deal with Disequilibia. Journal of Economic Literature,1975,13.

［44］［德］马克思:《资本论》(第一卷),人民出版社,1975 年。

［45］［美］斯图尔特:《知识资本:如何成为美国最有价值的资产》,《财富》,1997 年。

［46］田麦久:《运动训练学》,人民体育出版社,2000 年。

［47］劳动部:《关于界定文艺工作者、运动员、艺徒概念的通知》,劳力字〔1992〕25 号。

［48］钟秉枢:《社会转型期我国竞技体育后备人才培养及其可持续发展》,北京体育大学出版社,2003 年。

［49］何炼成:《社会主义劳动新论》,科学出版社,2005 年。

［50］张保华:《现代体育经济学》,中山大学出版社,2004 年。

［51］刘平,张贵敏:《论我国运动员人力资本研究的当代价值》,《沈阳体育学院学报》,2007 年第 1 期。

［52］何世权:《论我国运动员人力资本的形成和特征》,《北京体育大学学报》,2004 年第 8 期。

［53］杨年松:《职业体育人力资本所有权性质特点与政策建

议》，《体育学刊》，2005 年第 1 期。

[54] 董伦红：《论竞技运动员人力资本与产权价值》，《武汉体育学院学报》，2007 年第 10 期。

[55] 田麦久：《论运动训练过程》，四川体育出版社，1988 年。

[56] 冯子标：《人力资本运营论》，经济科学出版社，2000 年。

[57] 肖兴政，彭礼坤：《人力资本论》，西南交通大学出版社，2006 年。

[58] 李艳翎：《经济体制转轨时期中国竞技体育运行的研究》，北京体育大学博士学位论文，2000 年。

[59] 杨越：《市场经济体制下中国竞体育经济发展研究》，中国社会科学院博士学位论文，2003 年。

[60] 李元伟，等：《关于进一步完善我国竞技体育举国体制的研究》，《中国体育科技》，2003 年第 8 期。

[61] 刘鹏：在 2008 年全国体育局长会议上的讲话，2008 年 1 月。

[62] 钟秉枢：《成绩资本和地位获得——我国优秀运动员群体社会流动的研究》，北京体育大学出版社，1998 年。

[63] 国家体育总局人事司：优秀运动员全国普查数据，2006 年，2007 年。

[64] 邱晓德：《世界体育用品品牌十项指标分析与我国实施名牌战略的对策研究》，《成都体育学院学报》，2003 年第 1 期。

[65] 宋继新：《竞技教育学》，人民体育出版社，2003 年。

[66] 李宝元：《人力资本运营——新经济时代企业经营战略与制胜方略》，企业管理出版社，2001 年。

[67] 冯子标：《人力资本运营论》，经济科学出版社，2000 年。

[68] [美]西奥多·W·舒尔茨：《论人力资本投资》，北京经

济学院出版社,1987 年。

[69] [德]卡尔·马克思:《资本论》,曾令先,卞彬,金永译,华夏出版社,2006 年。

[70] 刘树成:《现代经济学词典》,江苏人民出版社,2005 年。

[71] 武秀波:《我国运动员人力资本形成与收益分配的特殊性》,《沈阳师范大学学报》,2006 年第 2 期。

[72] 武秀波:《中国运动员人力资本投资风险及其规避》,《沈阳体育学院学报》,2006 年第 3 期。

[73] 马克思,恩格斯:《马克思恩格斯全集》(第 23 卷),北京人民出版社,1972 年。

[74] [美]西奥多·W·舒尔茨:《人力资本投资——教育和研究的作用》,商务印书馆,1990 年。

[75] 工为一:《人力资本投资的收益分享问题研究》,华中科技大学博士学位论文,2004 年。

[76] 朱必祥:《人力资本理论与方法》,中国经济出版社,2005 年。

[77] 国家体育总局人事司:《全国体育系统人才状况调研数据研究成果汇编》,2007 年。

[78] 程杰:《我国优秀运动员人力资本投资与收益研究》,国家体育总局社会科学研究项目(52SS06084),2006 年。

[79] 岳福斌:《现代产权制度研究》,中央编译出版社,2007 年。

[80] 诺斯:《经济史中的结构与变迁》,上海三联书店,1994 年。

[81] 黄乾:《论人力资本产权的概念、结构与特征》,《江汉论

坛》,2000 年第 10 期。

[82] 王建民:《人力投资生产制度研究》,南开大学经济研究所,1999 年。

[83] 张军:《现代产权经济学》,上海三联书店,1989 年。

[84] 年志远:《人力资本产权与国有企业所有权安排》,经济科学出版社,2004 年。

[85] 邹国防:《产权分割:竞技体育运动员人力资本产权问题的思考》,《体育与科学》,2004 年第 3 期。

[86] 刘平:《"田亮问题"研究》,《沈阳体育学院学报》,2004 年第 1 期。

[87] 葛幸幸:《"丁俊晖模式"对竞技体育社会化发展带来的启示》,《北京体育大学学报》,2007 年第 5 期。

[88] 李艳翎:《经济体制转轨时期中国竞技体育运行的研究》,北京体育大学博士学位论文,2000 年。

[89] 林岗,张宇:《马克思主义与制度分析》,经济科学出版社,1997 年。

[90] 段文斌:《产权、制度变迁与经济发展——新制度经济学前沿专题》,南开大学出版社,2003 年。

[91] 卢现祥,朱巧玲:《新制度经济学》,北京大学出版社,2007 年。

[92] 葛玉辉:《新经济时代人力资本产权及其制度创新研究》,华中科技大学博士学位论文,2004 年。

[93] 朱巧玲:《产权制度变迁的多层次分析》,人民出版社,2007 年。

[94] [英]伊特韦尔,等:《新帕尔格雷夫经济学大辞典》(第三卷),陈岱孙主编译,经济科学出版社,2001 年。

［95］刘灿:《中国的经济改革与产权制度创新研究》,西南财经大学出版社,2007 年。

［96］张同全:《企业人力资本产权论》,中国劳动社会保障出版社,2003 年。

［97］国彦兵:《新制度经济学》,立信会计出版社,2006 年。

［98］梁晓龙,鲍明晓,张林:《中国竞技体育举国体制的内涵及历史发展》,《体育科研》,2005 年第 6 期。

［99］王武年:《我国专业运动员人力资本产权现状及归因分析——基于案例研究》,《武汉体育学院学报》,2010 年第 11 期。

［100］熊晓正,夏思永等:《中国竞技体育发展模式的研究》,人民体育出版社,2008 年。

［101］Richard Lucas. Expectations and the Neutrality of Money. Journal of Economics Theroy,1972. 4.

［102］Richard Schmalensee,Robert Willig. Hard Book of Industrial. Elsevier Science Publishing Company, North-Holland,1989.

［103］Richard Blundell,Paul Johnson. Pensions and Labor-Market Participation in the United Kingdom. American Economic Review,1998. 5.

［104］Romer,P. M. Increasing Returns and Long-Run Growth. Journal of Political Economy,1986,94.

［105］Rosen, S. Prizes and Incentives in Elimination Tournaments. The American Economic Review,1986.

［106］Becker,Gary. Investment in Human Capital:A Theoretical Analysis. The Journal of Political Economy, 1962, 70(2).

［107］Hashimoto,Masanori. Firm Specific Human Capital as a Shared Investment. American Economic Review, 1981,71(3).

[108] M. Jensen and W. Mecklin. The Theory of Firm: Managerial Behavior, Agency Costs and Ownership Structure. Journal Financial Economics, 1976.

[109] Harold Demsetz. Toward A Theory of Property Rights. American Economic Review, 1967.

[110] Michael J. Nowak, Charles E. Grantham. The Virtual Incubator: Anaging Human Capital in the Software Industry. Research-policy, 2000.

附录 A 中国运动员人力资本投资
及其产权现状调查问卷

敬爱的运动员:

　　您好!

　　我是北京体育大学 2006 级博士研究生,目前正进行学位论文《我国运动员人力资本投资及其产权制度研究》的研究工作,同时该研究的部分内容也是国家体育总局和江苏省体育局的立项课题。现就涉及的相关问题向您做问卷调查,您对调查内容的认真、如实填写,将使本课题的研究更具有实际应用价值,研究成果将有利于改变中国运动员培养与管理方面的一些不足。

　　问卷不涉及您的姓名,请您在每个问题的选择答案序号上画"√"(多选题有注明),如没有可供选择的答案或选择的答案不全,可在补充栏写下您需要增加的答案。您所选的答案无对错之分,只是用于我们的研究工作,对于您所做的回答我们会严格保密。谢谢您对本研究的大力支持!

博士研究生:王武年

指导教师:杨鹏飞　教授

第一部分：运动员人力资本基本情况调查

1. 您的年龄_____,性别_____

2. 目前所从事的专项_____,从事运动训练年限_____,您现在的运动等级_____

3. 您当前在哪个级别的专业队参加训练?

(1)国家队 (2)省队 (3)市体工队 (4)其他(队名)_____

4. 您的最高运动经历是?

(1)国家队 (2)省队 (3)市体工队 (4)其他(队名)_____

5. 您是_____年开始训练的,当时您的年龄是_____

6. 进入专业队训练之前您户口是?

(1)城镇户口 (2)农村户口

7. 您接受的教育程度是?

(1)未接受过正规教育 (2)小学 (3)初中 (4)高中 (5)中专、技校、职业高中 (6)大专 (7)大学本科 (8)研究生

(9)其他_____(请写明)

8. 您父亲的户口_____,母亲的户口_____

(1)城镇户口 (2)农村户口

9. 您父亲的职业是_____,母亲的职业是_____(请从下面的选项中选择1项)

(1)国家干部 (2)工人 (3)教师 (4)农民 (5)经商

（6）下岗待业 （7）其他职业（父亲）＿＿＿＿＿＿＿（母亲）＿＿＿＿＿＿＿（请写明）

10. 您父亲接受的教育＿＿＿＿，您母亲接受的教育＿＿＿＿（请从下面的选项中选择 1 项）

（1）未接受过正规教育 （2）小学 （3）初中 （4）高中 （5）中专、技校、职业高中 （6）大专 （7）大学本科 （8）研究生 （9）其他（父亲）＿＿＿＿＿＿＿（母亲）＿＿＿＿＿＿＿（请写明）

第二部分：运动员人力资本投资调查

尊敬的运动员，依据现代人力资本理论，凝结在人身上的健康、知识、能力、技能是一种人力资本，并且这种人力资本能够为您带来一定的收益。因此您经过长期训练获得的健康的体质、专业知识、专项运动技能也是一种人力资本，同样这种资本能为您带来一定的经济收益和社会地位。现就您所拥有的运动员人力资本的获得途径向您进行调查，请回答以下问题。

1. 您开始从事体育运动项目训练前对"运动员"这个职业的了解程度是？

（1）非常了解 （2）比较了解 （3）一般 （4）不太了解 （5）很不了解

2. 您选择从事体育运动这个职业的最主要的原因是什么？（可多选）

（1）找一条出路，改变自己的命运 （2）出名，将来挣大钱 （3）父母及家人的安排 （4）学校老师的安排 （5）自己喜欢体育 （6）想当体育明星 （7）其他＿＿＿＿＿＿＿＿＿＿＿＿

3. 您喜欢目前自己从事的运动项目吗?

(1) 非常喜欢　(2) 比较喜欢　(3) 一般　(4) 不太喜欢
(5) 很不喜欢

4. 如果您不喜欢自己目前所从事的运动项目,那么原因是?
(可多选)

(1) 自己不喜欢从事体育　(2) 影响文化知识的学习
(3) 该项目是没前途的职业　(4) 训练枯燥,经常受伤
(5) 和队领导、教练、队友关系处理不好　(6) 其他_____

5. 您认为在专业队长期的运动训练和比赛影响您对文化知识的掌握吗?

(1) 影响很大　(2) 有一定影响　(3) 一般　(4) 不太影响
(5) 一点也不影响

6. 在多年的训练、参赛过程中,您认为自己有以下哪些付出?付出情况是? (可多选,并在选项后面您认为合适的空格内打
"√")

备选项	付出最多	付出较多	一般	付出较少	付出最少
精力					
体力					
智力					
财力					
物力					
健康					
自己的青春					
其他					

7. 在您多年的训练、参赛过程中,您认为自己有以下哪些损失? 损失情况如何? (可多选,并在选项后面您认为合适的空格内打"√")

备选项	损失最大	损失较大	一般	损失较小	损失最小
健康					
财力					
文化知识					
其他技能学习机会					
其他工作机会					
社会生活能力					
自己的青春					
其他					

8. 在多年的训练、参赛过程中,您认为都有下列哪方对您进行了投入? 各方的投入情况是? (可多选,并在选项后面您认为合适的空格内打"√")

备选项	投入最多	投入较多	一般	投入较少	投入最少
自己					
家庭					
就读过的各级体校、体工队					
就读过的学校(小、中、大学)					
赞助过的企业					
其他社会团体					
其他					

9. 您现在是否对自己从事体育职业感到后悔?

(1) 非常后悔 (2) 有点后悔 (3) 无所谓 (4) 不太后悔
(5) 一点也不后悔

10. 您现在对自己从事体育职业以及未来前途的态度是
什么?

(1) 对未来充满信心 (2) 有一定信心 (3) 没信心,感到
前途渺茫

第三部分: 运动员人力资本产权状况调查

尊敬的运动员,依据现代产权理论,您经过长期刻苦训练所获
得的专项运动技能,属于技能型人力资本,与物质资本一样,同样
具有产权。因此您所拥有的技能型人力资本,有权参与分享您通
过比赛获得的经济收益,并能够为您获得一定的社会地位。现就
您目前的运动员人力资本产权状况进行调查,请回答以下问题。

1. 您对目前自己所处的运动队的生活、训练、学习等环境满
意吗?

(1) 非常满意 (2) 比较满意 (3) 一般 (4) 不太满意
(5) 很不满意

2. 您对目前自己所处的运动队管理制度满意吗?

(1) 非常满意 (2) 比较满意 (3) 一般 (4) 不太满意
(5) 很不满意

3. 如果您对自己目前所处的状况满意,那么原因是? (可多
选)

(1) 喜欢体育 (2) 喜欢自己的专项 (3) 对自己的收入满
意 (4) 今后有好的前途 (5) 对自己生活、训练、学习等环境

满意 （6）领导、教练赏识自己 （7）其他＿＿＿＿＿＿＿＿＿

4. 如果您对自己目前所处的状况不满意,那么原因是？（可多选）

（1）不喜欢体育 （2）不喜欢自己的专项 （3）对自己的收入不满意 （4）今后没有好的前途 （5）对自己生活、训练、学习等环境不满意 （6）领导、教练不赏识自己 （7）其他＿＿＿＿＿＿

5. 如果您对当前的处境不满意怎么办？

（1）向教练提出自己的要求和想法 （2）要求组织给予重新安排 （3）自己请求调离 （4）离队回家 （5）不采取任何措施

6. 您在平时的训练中,积极性如何？

（1）很高 （2）较高 （3）一般 （4）较低 （5）很低

7. 如果您在训练中,会有很高的积极性,其原因是？（可多选）

（1）心里喜欢 （2）有成就感 （3）报酬和奖金高 （4）有好的前途

（5）其他＿＿＿＿＿＿＿＿＿＿＿＿＿＿＿＿＿＿＿＿

8. 您的月收入（包括工资、奖金、各类补助等）是？

（1）1000元以下 （2）1001－2000元 （3）2001－3000元 （4）3001－4000元 （5）4001－5000元 （6）5000元以上

9. 您关心自己所在运动队的训练、比赛经费情况吗？

（1）非常关心 （2）比较关心 （3）一般 （4）不太关心 （5）一点也不关心

10. 从您的角度看,您认为自己所在运动队训练、比赛经费充足吗？

（1）非常充足 （2）比较充足 （3）一般 （4）不太充足 （5）很不充足

11. 您对自己所在运动队的比赛奖金收入情况了解程度是?

（1）非常了解　（2）比较了解　（3）一般　（4）不太了解
（5）很不了解

12. 您对自己所在运动队的奖金分配政策了解程度是?

（1）非常了解　（2）比较了解　（3）一般　（4）不太了解
（5）很不了解

13. 您对目前自己所在运动队的奖金分配政策满意程度是?

（1）非常满意　（2）比较满意　（3）一般　（4）不太满意
（5）很不满意

14. 您所在运动队的训练津贴、比赛奖金等是否能够做到按时发放?

（1）能做到　（2）基本能做到　（3）不能做到

15. 您所在运动队的训练津贴、比赛奖金等是否能够做到足额发放?

（1）能做到　（2）基本能做到　（3）不能做到

16. 您认为您所得到的收入与您的付出和投入相符吗?

（1）非常相符　（2）相符　（3）基本相符　（4）不太相符
（5）很不相符

17. 您认为下列哪方有权参与运动队/运动员比赛奖金以及商业活动收入的分配? 其分配情况如何? （可多选,并在选项后面您认为合适的空格内打"√"）

备选项	分配最多	分配较多	一般	分配较少	分配最少
运动员					
当前教练员					
所在运动队					
基层选送单位					

备选项	分配最多	分配较多	一般	分配较少	分配最少
总局项目管理中心					
所在省、市体育局项目管理中心					
其他投资单位					
其他					

18. 您认为优秀运动员参加商业活动所得收入如何分配才是合理的?

（1）全部归运动员个人　（2）多数归运动员所有,其余归有贡献的单位或个人　（3）大部分归国家所有　（4）其他_____

19. 您认为现有中国竞技体育领域的比赛奖金制度其激励效果如何?

（1）很好　（2）较好　（3）一般　（4）较差　（5）很差

20. 您认为如何才能充分发挥中国竞技体育比赛奖金制度的激励作用?（可多选）

（1）合理分配奖金　（2）控制奖金数量　（3）考虑与国际接轨　（4）清晰界定运动员人力资本产权　（5）制定有效的分配制度　（6）其他_____

如果您还有什么要补充的意见,请在以下空白注明:

_____

_____

_____

_____

_____

再次感谢您对本调查问卷的认真做答！如果您想就上述相关问题与我们做进一步的探讨和交流，请随时和我联系！如果愿意请在下面留下您的联系方式：

_____

_____

2008 年 6 月

附录 B　调查问卷效度专家评价表

尊敬的专家：

　　您好！

　　感谢您能在百忙之中对我的调查问卷进行指导,您的宝贵意见将对本研究有着极为重要的帮助,恳请您对这份调查问卷的有效性进行评定。

　　您的姓名_____,职称_____,学历_____,
研究领域_____

研究简介

题目:我国运动员人力资本投资及其产权制度研究

　　本研究结合中国社会转型的时代背景,以运动员人力资本为切入点,运用马克思政治经济学、人力资本理论、产权理论相关原理,全面、系统地分析研究运动员人力资本性质、特征、形成、价值、产权内涵、权益分享、产权制度等一系列问题。在理论分析的基础上尝试构建中国运动员人力资本及其产权制度理论体系,开辟运动员人力资本投资分析与产权界定的研究思路与领域,并最终提出中国运动员人力资本产权保护的政策性建议,从而促进中国竞技体育事业的健康可持续发展。研究成果可为中国运动员人力资本各投资主体在运动员权益分享方面提供理论上的参考,有利于推动中国体育事业的市场化、商业化、职业化进程。本项研究符合市场经济条件下中国体育事业发展的内在要求,具有十分重要的现实意义和理论价值。

研究的主要内容:

1. 运动员人力资本概念、含义、特征
2. 中国运动员人力资本投资途径与现状
3. 运动员人力资本产权概念、含义、特征、功能
4. 中国运动员人力资本产权状况
5. 中国运动员人力资本产权制度

请您在阅读问卷之后,把您的宝贵意见与建议填写在以下相应的空格内。

1. 您对本问卷各项在反映调查内容方面的评价是:

非常合适( ) 合适( ) 基本合适( )
不合适( ) 很不合适( )

2. 您对本问卷结构设计的评价是:

非常合适( ) 合适( ) 基本合适( )
不合适( ) 很不合适( )

3. 您对本问卷整体设计的评价是:

非常合适( ) 合适( ) 基本合适( )
不合适( ) 很不合适( )

您认为哪些内容需要增删或需要更改,敬请指正:

_____

_____

_____

_____

_____

_____

_____

再次感谢您的帮助!

博士研究生:王武年

指导教师:杨鹏飞 教授

2008 年 6 月

附录 C　中国运动员人力资本投资及其产权制度访谈提纲

尊敬的老师：

　　您好！

　　您作为中国体育界知名的专家、学者，在中国体育经济领域研究方面有自己独到的理解和建树。现就本人博士学位毕业论文《我国运动员人力资本投资及其产权制度研究》相关问题，诚恳地向您请教，您对本项研究当中一些问题的意见和看法将对本论文的研究价值具有很重要的指导意义。在此向您表示真诚地感谢！

　　论文简介：

　　依据现代人力资本理论，凝结在人身上的健康、知识、能力、技能是一种人力资本，并且这种人力资本能够为您带来一定的收益。因此运动员经过长期训练获得的健康的体质、专业知识、专项运动技能也是一种人力资本，同样这种资本能为运动员带来一定的经济收益。依据现代产权理论，运动员经过长期刻苦训练所获得的专项运动技能，属于技能型人力资本，与物质资本一样，同样具有产权。因此运动员所拥有的技能型人力资本，有权参与分享他通过比赛获得的经济收益，并能够获得一定的社会地位。

　　本研究结合中国社会转型的时代背景，以运动员人力资本为切入点，运用马克思政治经济学、人力资本理论、产权理论相关原理，全面、系统地分析研究运动员人力资本性质、特征、形成、价值、产权内涵、权益分享、产权制度等一系列问题。在理论分析的基础上尝试构建中国运动员人力资本及其产权制度理论体系,开辟运动员人力资本投资分析与产权界定的研究思路与领域,并最终提出中国运动员人力资本产权保护的政策性建议,从而促进中国竞技体育事业的健康可持续发展。研究成果可为中国运动员人力资本各投资主体在运动员权益分享方面提供理论上的参考,有利于推动中国体育事业的市场化、商业化、职业化进程。本项研究符合市场经济条件下中国体育事业发展的内在要求,具有十分重要的现实意义和理论价值。

现就中国运动员人力资本的形成、投资,以及运动员人力资本产权状况方面的一些问题向您进行请教。谢谢!

专家访谈提纲

第一部分　关于中国运动员人力资本形成及投资方面的相关话题

1. 您认为目前中国运动员培养体制的哪些地方值得改进?请您就中国运动员培养体制方面谈一下看法。

2. 您认为在培养中国运动员成才方面都有哪些投资主体进行了投资?

3. 请您谈谈我们国家投资培养运动员的目的。

4. 对于培养中国运动员所进行的投资的各个主体,请您谈谈各投资主体的投资情况和目的。

5. 请您谈谈在运动员成才过程中运动员自身的投入和付出情况。

6. 您认为运动员经过长期训练、比赛所掌握的运动技能以及参赛能力是一种资本吗? 请谈谈您的看法。

7. 对于"丁俊晖培养模式"和"举国体制"培养模式,您的看法是什么?

8. 您认为北京奥运会后中国现行的竞技体育体制会有什么样的变化?

9. 请您谈谈在市场经济体制下中国运动员培养体制会有哪些方面的变化?

第二部分 关于中国运动员人力资本产权状况、产权制度方面的相关话题

1. 您对中国运动员权益保障方面有什么看法?

3. 请您就"运动员人力资本及其产权"这个话题,谈谈您的看法。

4. 对于"中国运动员产权归国家所有"的说法,您是怎么看的?

5. 从您的角度看,您觉得中国运动员产权应该怎样界定?

6. 对于运动员通过比赛获得的经济收入以及由此带来的无形收入,您认为如何分配更为合理?

7. 请您谈谈当前中国竞技体育人才资源配置方面存在的问题及改进措施。

9. 对于近几年中国体育界出现的一些典型事件,如"田亮事件"、"王治郅事件"、"彭帅事件"等,请谈谈您的看法。

10. 您如何看待优秀运动员参与商业活动? 对于运动员参与商业活动的收入分配,请谈谈您的看法。

11. 您认为现有中国竞技体育领域的比赛奖金制度其激励效果如何? 请谈谈您的建议。

12. 您认为目前国家对中国运动员人力资本及其产权方面的保护做得如何?

13. 您认为目前中国关于运动员权益保障方面的法律、法规、政策等是否完善,请谈谈您的看法。

14. 对于保护中国运动员权益的制度建设,请谈谈您的看法。

15. 物质激励和精神激励的结合能更好地发挥激励效果,您认为中国竞技体育领域这方面的结合做得如何?

16. 关于中国运动员人力资本产权制度建设,您认为当前国家体育主管部门最迫切需要做的事情是什么?

后　记

　　近几年来,中国运动员人力资本相关问题成为体育理论界的研究热点,国内许多学者都从不同的视角对该领域进行了深入的探索和研究。本人以中国运动员人力资本投资及其产权制度建设为切入点,开始了自己的博士学位论文的研究,经过两年多的苦苦思索、秉烛熬夜以及斟字酌句的修改,最终定稿成书,但如没有他人的帮助是无法完成论文研究任务的。

　　衷心感谢我的导师、武汉体育学院前任院长杨鹏飞教授为我所付出的一切! 论文是在导师的悉心指导下由本人独立完成的,从论文的选题到研究框架的确定,从撰写到反复修改都倾注着导师的心血。导师为人真诚、宽厚,学术严谨、求实,导师宽阔的胸怀、高贵的人格魅力,使我深受教诲,终身受用! 特别是在我博士毕业后导师还一直关心我的工作和成长,在此向导师表示深深的感谢! 并祝导师及全家身体康健,生活愉快!

　　感谢北京体育大学池建教授、王世安教授、刘玉林教授、郭永波教授、王莉教授、林显鹏教授、黄亚玲教授、何世权教授、练碧贞教授、贾志强教授、毕仲春副教授、许博副教授,中央财经大学的闵杰教授。感谢他们在我论文的研究过程中给予的无私的指导和帮助,最终使本研究得以顺利完成!

感谢北京体育大学研究生院老师的培养、教育和关心，感谢国家体育总局人事司刘成亮处长、袁永清副处长为研究提供了重要的资料和数据！对接受研究访谈、问卷调查的专家、领导、教练员、运动员等致以衷心的感谢！感谢江苏大学体育部领导和同事多年对本人的帮助、支持和关心！

最后，感谢我的家人，我的所有努力都来自他们无私的支持！本研究凝聚着他们的奉献、关爱和期望。唯有继续努力，做得更好，才是我对他们最好的报答。

本书是在本人博士学位论文的基础上适当增加一些素材修改而成的。本书参考了大量的研究资料，引用了一些专家学者的文献和数据，因限于篇幅，未能一一注明，在此向著作者深表谢忱！由于本人水平有限，书中有些观点也未必成熟，错误之处也在所难免，敬请广大读者批评指正。

王武年

2011 年 12 月